Tessin

Gärten · Felsen · Seen
Die Sonnenterrasse der Schweiz

Werner Richner
Fotos

Hans-Christian Kirsch
Texte

G. Braun

Tessin

Gärten · Felsen · Seen
Die Sonnenterrasse der Schweiz

G.BRAUN BUCHVERLAG

Gestaltung: Robert Dreikluft

Herstellung: G. Braun Druckerei GmbH & Co. KG, Karlsruhe

Satz: Barbara Herrmann, Freiburg

Lithos: Specht-Reprotechnik, Karlsruhe

Die Deutsche Bibliothek – CIP-Einheitsaufnahme

Tessin : Gärten – Felsen – Seen; die Sonnenterrasse der Schweiz /
Werner Richner ; Hans-Christian Kirsch. – Karlsruhe : Braun, 1996
ISBN 3-7650-8165-5
NE: Richner, Werner; Hetmann, Frederik
Vw: Kirsch, Hans-Christian [Wirkl. Name] → Hetmann, Frederik

Inhalt

Annäherung: Der Gotthard-Paß als Tor. Das Netz der Wege, Straßen, Wasserfährten

Unmittelbar an der engsten Stelle des Alpenhauptkammes liegt der südlichste Kanton der Schweiz: das Tessin.
Zwei Kulturräume treffen hier aufeinander. Die über zweihundert Kilometer lange gemeinsame Grenze zwischen dem Tessin und Italien verbindet die Bewohner mehr, als daß sie sie trennt. Gemeinsamkeiten in Sprache, Kultur und politischer Vergangenheit geben den Menschen ein Zusammengehörigkeitsgefühl, auch über die Grenze hinweg. – Die „Republica e Cantone del Ticino" umfaßt 2 800 Quadratkilometer, die unterschiedlich stark besiedelt und genutzt sind. Die Kontraste sind groß: einsame, fast leere Bergtäler, dichtbevölkerte Seelandschaften. Luxushotels und karge, manchmal von den Bewohnern aufgegebene Dörfer und Bauernhöfe.
Eine stärkere Besiedlung der Täler setzt, bei Spuren, die bis auf die Steinzeit zurückgehen, in der Zeit um 1000 v. Chr. ein. Fischfang, Jagd und Weidewirtschaft waren in frühgeschichtlicher Zeit die Lebensgrundlage für die Stämme der Leoponter und Räter. Um 390 v. Chr. wanderten Kelten und Gallier ein. Für die römischen Kohorten war das Land unterhalb der Alpen in erster Linie Durchzugsgebiet für ihre Truppen, die auszogen, die Völker jenseits des Alpenkamms dem Römischen Reich einzuverleiben. Ab 15 v. Chr. hatten die Römer das heutige Tessin dauerhaft besetzt. Allerdings legten sie nur einzelne Villen an den Seen und kleinere Siedlungen an. Die alten Römerbrücken verweisen noch heute auf die Nachschubwege der römischen Truppen nach Norden.
Im Lauf der Zeit vermischte sich die ligurisch-keltische Bevölkerung mit der römischen. Lateinische Sprache und Kultur setzten sich durch. Das Christentum wurde von den oberitalienischen Bistümern Como und Mailand her ausgebreitet.
Die Römerherrschaft wurde abgelöst durch die nach Süden vorstoßenden Germanen. 569 eroberten die Langobarden zunächst Mailand und schließlich auch Como. Langobardisch-germanische Lebensart mit einem Schuß Römertum, Mittellateinisch als Hochsprache und römisches Recht waren die prägenden kulturellen Einflüsse, bis 774 das Langobardenreich im Frankenreich Karls des Großen aufging. Der größte Teil des Tessins wurde zusammen mit Mailand der Grafschaft Stazzona zugeschlagen. Teile des Sottoceneri blieben bei Como. Schließlich konzentrierte sich die Macht in den Händen des Erzbischofs von Mailand. Vom ihm wurden die Feudalrechte verliehen, jedoch keine Grundrechte an Grund und Boden. Die Selbstverwaltung des Weide- und Ackerlands und des Waldes blieb erhalten.
Im Mittelalter litt das Tessin unter den Auseinandersetzungen zwischen Kaiser und Papst und der alten Rivalität der Städte Mailand und Como.
Unterbrechen wir hier zunächst die Darstellung über den Lauf der Geschichte und versuchen wir, der Eigenarten des Landes und seiner Menschen habhaft zu werden.
Zuschreibungen regionaler und nationaler Eigenschaften sind immer fragwürdig, und der Mißverständnisse über das Tessin sind viele. Nur drei (harmlose) Beispiele dafür.

Da ist die Vorstellung: Tessin – das bedeute vor allem Lebensgenuß und süßes Nichtstun. Dabei sind die Tessiner mindestens ebenso arbeitsam wie die Deutschschweizer, müssen es sein, um so die schlechten Lebensbedingungen einigermaßen wett zu machen. Die Zahl der Auswanderer, die die nackte Not davontrieb, war über Jahrhunderte hin hoch.
Da ist ferner die Illusion, der Traum: Das Tessin als Sonnenstube der Schweiz, als Sonnenbank für die aus dem Norden. Als Tatsache läßt sich dagegensetzen: Nirgends regnet es so heftig und anhaltend wie im Tessin. Die Unwetter dort kommen Weltuntergängen ziemlich nahe.
Als besonderer Charakterzug der Tessiner Bevölkerung gilt ihre Fröhlichkeit, ein heiteres Völkchen nennt man sie. Aber vielleicht ist das nur eine durch Handelsverkehr und Tourismus bedingte Höflichkeit und ein aus dem Italienischen herrührender, spontanerer und wortreicherer Sprachausdruck, als ihn die deutschsprachigen Schweizer zu praktizieren gewohnt sind.
Die Diskrepanz zwischen Klischee und Wirklichkeit ließe sich noch an vielen anderen Beispielen belegen.
Ein Einheimischer, Piero Bianconi, reflektiert über die Ursachen des falschen Bildes:

Wir führen den Leuten jenseits des Gotthard seit jeher ein Tessin vor, das ihren Wunschträumen entspricht, nicht wie es ist oder jemals war, sondern wie es in einem nunmehr unveränderlichen Klischee erstarrt erscheint und durch die folkloristischen Anzeigen, anläßlich der herkömmlichen Blumen- und Weinfeste, immer aufs neue bestätigt wird, mit beschwörenden Gesten angepriesen, von einfallslosen Reklamemachern, die letztlich stur darauf bestehen, Berg- und Talbauern beim fröhlichen Schmaus vorzuführen.

Wenn dies der Aufschrei über das Klischee, über die Illusion, über das Negativbild ist, zu dem man, was den Zorn angeht, noch den Protest der Tessiner über den „Ausverkauf des Landes“ an Deutschschweizer, Deutsche und Italiener hinzuaddieren muß, so wäre zu fragen, was die Tessiner eigentlich an ihrem Land lieben. Wir geben dazu noch einmal Piero Bianconi das Wort:

Das Tessin ist für mich vor allem ein uraltes, rauhes Land mit einem Volk, das sich an seinen Boden klammert. Der Hunger treibt die Menschen in die weite Welt hinaus (wie es den Wolf aus dem Wald treibt), aber sie kehren getreulich zu ihren grimmigen Bergen zurück und in ihre Täler, die von der seelenlosen Geduld der Gletscher ausgefeilt sind.

Und dann setzt er ein ganz und gar unglorioses, eher traurig-melancholisches Landschaftsbild, das poetisch seine Liebe zum Tessin ausdrückt:

Ein sanft ansteigender Wiesenhang. Das gelbe und bräunliche Gras, mit ein paar Tupfen von frischem Grün durchsetzt, bildet den Hintergrund für die Schwärze des Maßholders, des Feldahorns, mit seinen kurzen, knotigen, gleichsam gichtverkrüppelten Armen, die, flehend emporgereckt, einige rostige Drähte, die Stützen von ein paar dürftigen Rebschößlingen, tragen (die Leute sind schon dabei, sie zu beschneiden); nächsten Sommer werden sie dichtbelaubte Girlanden bilden.

Hier, so meine ich, rückt unabweisbar ein echteres, wirklichkeitsnäheres Bild vom Tessin ins Blickfeld.
Wir sind mit dem Wagen gereist, haben nicht den Autobahntunnel benutzt, nicht den Huckepack auf der Schiene, wir sind auf der alten Straße geblieben, was den Vorteil hat, daß man mehr von der Landschaft erlebt: Matten, Berge, Enge. All das bildet so etwas wie eine unsichtbare Wand, die den Norden vom Süden trennt und die Sehnsucht nach dem Süden ansaugt, das Versprechen auf eine andere Welt, wo alles leichter sein wird, heller, angenehmer.
Jedesmal, wenn ich den Gotthard hinauffahre, fällt mir Tell ein. Man sieht hinüber zur Wiese des Rütlischwurs, vielleicht erhascht man im Vorbeifahren in Altdorf einen Blick auf das altväterlich-theatralische Denkmal. Tell, der Gotthard, der Weg ins Tessin und nach Oberitalien: das sind Stichworte, die miteinander in Zusammenhang stehen. Und zwar, notwendigerweise verkürzt, etwa so: Die Waldstätte, die Täler und Berge von Uri, Schwyz und Unterwalden waren zunächst auf Selbstversorgung ausgerichtete Agrargebiete. Das änderte sich um 1230, als der bis dahin für den Fernverkehr zwischen Nord- und Südeuropa im Vergleich mit dem Brenner und dem Großen Sankt Bernhard drittrangige Gotthardpaß durch die Erschließung der Schöllenenschlucht brauchbar wurde. Mit der Erschließung und Bedeutung des Passes kamen Fremde von sehr weit her. Sie waren es wahrscheinlich auch, die den Motivkern des Tellstoffes aus Nordeuropa (Norwegen und England) mitbrachten. Nicht so sehr eine Freiheitsbewegung gegen Habsburg, so sagen uns die zeitgenössischen Forscher wie der Basler Historiker Werner Meyer, sei der Anlaß zum sogenannten Bundesbrief von 1291 gewesen. Vielmehr hätten sich die Angehörigen der sozialen Oberschicht von Uri, Schwyz und Nidwalden in der unruhigen Zeit nach dem Tod König Rudolfs gegenseitige Hilfe gegen äußere und innere Feinde zugesagt. Und Tell? Tor oder Tölpel soll das Wort bedeutet haben. Tellen waren aufrührerische Gruppen, die an Fasnacht und Kirchweih immer bereit waren, zu gewalttätigen Aktionen aufzubrechen. Aus Aufrührern und Friedensbrechern, erklären uns die Historiker, etwa Hans Georg Wackernagel, wurde in Umkehrung der Tatsachen *der* Verteidiger des Vaterlandes, aus Outlaws der Mythos vom Gründer der Eidgenossenschaft.
Wir haben die Paßhöhe erreicht und schauen von einer Aussichtsplattform auf das Panorama der Tessiner Bergwelt. Das alte Hospiz wirkt angesichts der rasanten Straßenkurven wie ein Relikt.
Als „Berg der Mitte“ hat man den Gotthard bezeichnet, dessen Name sich von dem 1131 heiliggesprochenen Bischof Godehard herleitet.
Als Franz Kafka im Herbst 1911 „auf der anderen Seite“ des Gotthard ankam, schrieb er in sein Tagebuch: „Plötzliches Italien“, um darauf hinzuzufügen: „Später verschwindet das Italienische oder der Schweizer Kern tritt vor.“
Dem Tiefland entrückt, dem Kosmos nahe, so haben viele mit einem geschärften Sinn für die Magie von Wasser- und Wetterscheiden den Gotthard empfunden. Und jenseits davon liegt eine andere Welt.

Giovanni Battista Pioda schrieb 1848: „Als Italiener haben wir in der Schweiz eine Aufgabe: die Gipfel der Alpen zu schützen, zwischen den europäischen Mächten ein Verbindungspunkt zu sein, die Werte der Unabhängigkeit, der Freiheit und der Demokratie so erfrischend und prickelnd wie die Alpenluft zu erhalten."

Am Comer See: Edle Paläste, im Rücken die Berge, vor dem Tor den See, die Luft von rötlich-blauem Licht durchflutet. Orte für Träumer und Verliebte.

Bei Bellagio am Comer See: Hier flirtete und flitterte schon Franz Liszt. Hier verbrachte Fabrizio, der Held von Stendhals „Kartause von Parma“, seine ihn prägende Kindheit.

Nächste Seite:

Tagsüber bietet die Isola dei Pescatori mit ihren schmalen Gassen die Erfüllung für Touristenträume vom Süden. Den ärgerlichen Andenkenkitsch verdeckt gnädig die herbere Romantik herbeizaubernde Dämmerung.

Noch einmal Bellagio. Die Villen am See zeugen noch heute vom Reichtum und dem erlesenen Geschmack des Mailänder Stadtadels, der hier den Sommer verbrachte.

Klassizistische Statuen von Göttern, alte Bäume und duftende Rosenhecken verbinden sich im Garten der Villa Melzi zu einer Atmosphäre von Entrücktheit und Harmonie.

Vico Morcote: die katholische Pfarrkirche SS. Fedele e Simone. Wer hier an einem Sommernachmittag verweilt, meint, vom See heraufdringend, Glucks Musik vom Reigen seliger Geister zu hören.

Locarno: Kirche Madonna del Sasso. Stadt der Kirchen, der Museen und der am Ufer zur Fahrt irgendwohin einladenden Boote. Die Berge sind nie weit.

Endlich ist in Vira am Lago Maggiore der Frühling eingekehrt. Nun schwelgt von der Höhe herab das Auge in einem Feuerwerk von Blüten.

Fluß, Auwald, Steindächer, Obstbäume, Reben: Attribute, die den Zauber dieser Landschaft zwischen Norden und Süden, zwischen hohen Bergen und geschützten Ebenen ausmachen.

Rebgarten bei Meride. Das Dorf ein Freilichtmuseum ländlicher Baukunst im Mendrisiotto. Im Ort wollen wir dann gleich nach einem *grotto* suchen und den Wein verkosten, der an diesem Hang wächst.

Während die Magnolien schon blühen, scheinen die übrigen Bäume und Sträucher gerade erst aus ihrem Winterschlaf zu erwachen.
Der Blick sucht im Tal Gambarogno am Lago Maggiore.

Durch diesen dicht verwobenen Wald, an einem aufschäumenden Bach entlang, geht es zur Walsersiedlung Bosco Gurin, der einzigen deutschsprachigen Gemeinde im Tessin (1506 Meter über dem Meeresspiegel).

Die Idylle trügt. Das Valle di Campo und seine Bewohner sind durch Hangunterspülung und Erosion stark bedroht. Die Campeser wanderten in der Vergangenheit nicht selten nach Deutschland oder England aus.

Cavergno im Val Bavona: Früher verbrachten die Bewohner jeweils den Winter in dem im Tal gelegenen Hauptdorf, dessen Name sich von „ca' d'inverno", d. h. „Winterhaus", herleitet.

Die Casa Respin, zuvor Franzoni, in Cevio, Valle Maggia, war früher der Sitz des eidgenössischen Landvogts. Auch in der zweiten Hälfte des 17. Jahrhunderts brauchte der Vertreter einer fernen Obrigkeit zur Demonstration seiner Autorität etwas Prunk und Symbole der Macht.

Niemandem, der im Herbst durch Carona spaziert, werden die wie Schmuckgehänge wirkenden Maiskolben an den Hausfronten entgehen. Die aus Maismehl zubereitete Polenta ist in ihren vielen Varianten eines der typischen Gerichte des Tessins.

Alle Pracht südländischer Obstsorten hat der Händler in der Fußgängerzone von Lugano verlockend arrangiert.

Auch diesem Angebot üppiger Mortadella-Würste, aromatischer Schinken, getrockneter Pilze und knackiger Stangenbrote in einem Feinkostgeschäft in der Via Pessina in Lugano merkt man an, daß die Provinzen Italiens nicht weit sind.

Würste und Schinken als Balkonschmuck! Das Tessin kennt auch, wenngleich eher derb-bäuerliche, Tafelfreuden. Die Erinnerung an die Vielfalt von Geräuchertem kitzelt noch bei dem in den Norden Zurückgekehrten den Gaumen.

Leventina und Bellinzona: Das Tal hinab, vorbei an alten Fresken zur Stadt der drei Burgen

Vor uns tief unten liegt Airolo. Wir sehen auf Verkehrsstränge, die „Gestänge der Technik", die sich den engen Raum am Talboden mit dem Tessinfluß teilen müssen, der aus dem in Richtung Wallis gelegenen Bedrettotal kommt, sommerliches Wandergebiet und Durchgangsraum für den in die Westschweiz fließenden Verkehr. 1882 kam die Gotthardbahn, und mit ihr die erste wintersichere Verbindung zwischen Nord und Süd. Einen weiteren Aufschwung erlebte der Verkehr mit dem Bau der Straße über den Paß in den dreißiger Jahren unseres Jahrhunderts. Bis zur Eröffnung des Autobahntunnels war die Straße jedoch im Winter oft monatelang geschlossen. Wer da im Sommer so rasch und glatt nach Airolo und Ambrí-Piotta zu Tal fährt wird kaum bedenken, was dieser Ausbau der Transportwege gekostet hat und immer noch kostet. Vor dem Bahnhof von Airolo hat der Tessiner Bildhauer Vincenzo Vela auf eigene Kosten den „Opfern der Arbeit" beim Tunnelbau ein Denkmal gesetzt. Wenn man auf das Kunstwerk an Streckenführung bei Autobahn und Eisenbahn hinsieht, fallen auf der linken Talseite die umfangreichen Lawinenverbauungen auf. Hat die moderne Technik inzwischen die Naturgewalten im Griff? Im Februar 1951 ging eine große Naßschneelawine auf Airolo nieder. Sie begrub Teile des Dorfes unter sechs Meter hohen Schneemassen. 17 Menschen kamen dabei ums Leben. Die materiellen Kosten, um die Verkehrswege ständig offen zu halten, sind beträchtlich: Für das Schneeräumen pro Kilometer auf der Autobahn betragen sie 80 000 Franken, auf der Kantonsstraße 50 000 Franken! Im Lawinenwinter 1986/87 waren es sogar über 150 000 Franken. Hinter Airolo fädeln sich Straße, Fluß und Bahn durch die Talenge von Stalvedro. Für die Autobahn bohrte man einen Tunnel durch den Schuttkegel des Wildbaches.

Bahn und Straßen förderten anfangs Kontakte und schufen Arbeitsplätze. Heute sieht es anders aus. Die Bahn spart an Personal. Die elegant in weiten Kehren geführte Autobahn verführt den Touristen, rasch nach Süden zu sausen. In den Monaten Juli und August passieren täglich 27 000 Motorfahrzeuge den Gotthard-Autobahntunnel. Die Bahn transportiert im Jahr 13 Millionen Gütertonnen und sieben Millionen Passagiere. Mit der Neuen Europäischen Alpentransversale, einem in Planung befindlichen neuen Durchstich, werden die Südlandfahrer erst bei Biasca das Licht der Tessin-Welt wieder erblicken.

Grüne Matten und alte Kirchen, Türkenbund und Eisenhut

Bei aller verständlichen Lust, rasch an malerische Seeufer und ins Sonnenland zu gelangen, tut man gut daran, sich Zeit zu lassen in der Leventina, dem nördlichen Teil des Tessins. Um nur zwei Vorschläge für Erkundungsfahrten –

weit mehr wären möglich – zu machen: Man fahre mit der Standseilbahn Piotta-Ritom in die Höhe über dem Tal. Mit der Maximalneigung von 876 Promille ist sie eine der steilsten öffentlichen Standseilbahnen der Welt. Auf einer Strecke von 1369 Metern überwindet sie einen Höhenunterschied von 786 Metern. Oben gelangt man in ein hügliges Alpengebiet mit einem Dutzend kleiner und größerer Seen. Es ist eine Hochgebirgslandschaft mit kieselhaltigen und alkalischen Felsen, in der man im Sommer die ganze Pracht einer typischen Hochgebirgsflora mit Türkenbund, Schwefelanemonen, Eisenhut, getüpfeltem Enzian, gelben Glockenblumen und Christi Augentrost kennenlernen kann. Nicht weniger faszinierend ist die Vogelfauna mit Steinadlern, Birkenzeisigen und dem schwarzglänzenden Hausrotschwanz. Wenn man bedenkt, daß man innerhalb eines Tages per Bundesbahn, Postauto und Seilbahn beispielsweise von Basel hierher und wieder zurück gelangen kann, bekommt man eine Vorstellung von der eindrucksvollen verkehrstechnischen Erschließung der Schweiz durch öffentliche Verkehrsmittel. Das Ritomkraftwerk nutzt das Gefälle des Foßbaches zwischen dem Ritomsee in der Höhe und der Einmündung in den Ticino bei Piotta und ist die Kraftquelle der Gotthardbahn. Bei der Talfahrt fällt aus der Gondel der Blick auf den Flughafen im Talgrund und auf die typische Landschaft der Leventina. Vor dem Horizont: nackte graue Felsen mit Schneeflecken selbst im Sommer, dann Hochtäler mit Wäldern und Matten, der gischtige Schweif eines Wasserfalls und unten im Tal der hohe magere Kirchturm und die grauen Steindächer eines kleinen Dorfes.

Wir übernachteten in einem einfachen Gasthof in Piotta. Unser Abendspaziergang wurde etwas behindert vom starken Durchgangsverkehr. Unterwegs waren auch noch die Nachzügler eines Bergzeitfahrens für Radamateure, dessen Start- und Ziellager in Airolo, dem sonst eher reizlosen Ort, eine Art künstliche Geschäftigkeit verlieh. Abends blieb Zeit, einen Blick in ein Buch zu werfen. Piero Bianconi, 1899 in Minusio geboren und 1984 in Mergoscia gestorben, ist neben Francesco Chiesa einer der bedeutendsten Literaten des Tessins, in Form und Sprache durchaus auf der Höhe der großen italienischen Literatur unserer Zeit. Bei ihm las ich:

Denke ich an den Menschen, der in den Bergen lebt, sagen wir auf Meereshöhe zwischen 600 und 1200 Metern, so fühle ich mich immer von Mitleid und Bewunderung ergriffen. Der Bergler kennt alle Berufe: er ist Winzer, Bergbauer, Maurer, Schreiner und Käser; er kann auf der Alp den Käse aus dem dampfenden Kessel heben; er kann in der Kupferpfanne die Polenta rühren; er kann der Hebamme helfen; er flickt die Röhren der Wasserleitung und die elektrischen Drähte; er steht dem Metzger nicht nach, wenn kurz vor Weihnachten der Tag der Hausschlachtung heranrückt. Ein wehrhafter, vielseitig begabter, erfinderischer Mann ist der Bergbauer, und doch kein Dilettant, er ist verwachsen mit der Sense des Heuers wie mit der Axt des Holzfällers. Er kann den englischen Schlüssel, den Hammer, den Hobel, den autogenen Schweißapparat handhaben. Wenn nicht dieser mühsame Alltag, diese Einsamkeit wäre, müßte ich ihn fast beneiden; denn sein Leben ist abwechslungsreich; er umgreift den ganzen Kreis menschlichen Daseins; er ist unabhängig, Selbstversorger, anpassungsfähig. In ihm erfüllt sich noch das klassische Ideal des universalen Menschen, des ganzen Mannes, etwas ziemlich Erstaunliches in einer Welt, wo der Mensch immer mehr zum Roboter wird und sich unaufhaltsam spezialisiert, wo man ihn festlegt und von der mitdenkenden, mitschöpferischen Beteiligung an der Arbeit ausschließt. (...)

Von Wandmalern und heiligen Räumen

Der zweite Vorschlag zum Verweilen und geruhsamen Betrachten zielt auf eine kleine Kunstreise: Man besuche die Dörfer und in ihnen vor allem die Kirchen an der sogenannten „oberen Straße“ zwischen Quinto – Deggio – Mairengo über Faido – Rossura – Chiggiona bis nach Chironico. Aufgeschlagen liegt da mit den Fresken des 13. und 14. Jahrhunderts ein archaisches Bilderbuch. Geschaffen wurde es vor allem von den Malern aus Seregnesi. Sie gehören zu jener großen Gruppierung von Wanderkünstlern, die das Gebiet um Mailand, in diesem Fall die Ortschaft Seregno, verließen, um bis in die Täler der Leventina, Blenio und Misox zu ziehen, wo sie eine große Zahl von Kirchenwänden, Gebetshäusern und Wegkapellen ausmalten. Oft waren diese Maler auf der Suche nach neuen Marktmöglichkeiten, weil sie den stilistischen Änderungen (von der Gotik zur Renaissance) in den großen Zentren nicht mehr gewachsen waren, auch wenn sie bei ihren Arbeiten in den Gebirgsorten hin und wieder moderne Elemente in ihre Malerei integrierten. Von diesen Malern aus Seregno, die in Lugano ihr Domizil hatten und in der Leventina 1448, 1463 und 1478 auftraten, sind uns Cristoforo und sein Neffe Nicolao da Seregno namentlich bekannt.

Nicolao malte 1478 die gesamte Apsis von San Nicola in Giornico aus. Er stellte Heilige dar und ein Wunder des Bischofs von Bari, der dieser Kirche ihren Namen gab. Im Scheitel des Mittelfensters fügte derselbe Maler eine merkwürdige Darstellung der Dreifaltigkeit in Form eines Trivultus ein, eine Bildform, die von der Kirche bekämpft und später wegen ihres monströsen Charakters verboten wurde. In Rossura signierten 1463 Cristoforo und Nicolao zusammen eine Darstellung der Heiligen Rochus, Sebastian und Hieronymus. Als „Markenzeichen“ für die Schule der Seregnesi findet sich hier der spitzenartige Bildrahmen.

Von zwei anderen Malern wissen wir nicht einmal mehr ihre Namen. Der eine schmückte im 15. Jahrhundert die Nordwand der Kirche von Rossura mit einer Geißelung Christi nach älteren, dem 14. Jahrhundert entstammenden Vorlagen, eine Darstellung, die häretische Vorstellungen assoziiert. In derselben Kirche finden wir auf dem Abendmahltisch statt dem traditionellen Lamm einen Fisch.

Anonym blieb bis heute auch jener Künstler, der in der Kirche von Mairengo eine Reihe ausgemergelter Gestalten mit eingefallenen Gesichtern und erstauntem Ausdruck malte.
Ein Aspekt, der die Arbeitsmethode dieser Maler kennzeichnet, ist die Austauschbarkeit und die Anpassungsmöglichkeit der Modelle und Vorlagen an jeden gewünschten Heiligen oder an jeden Madonnentypus. Es genügte, die Farbe des Gewandes oder andere Details zu ändern, um die gewünschte Darstellung zu bewerkstelligen. Kenntnisse über die Heiligen, ihre Wunder, ihre Marterinstrumente und ihre speziellen Attribute gehörten damals zur selbstverständlichen „kulturellen Bagage" jener Maler, während der moderne Mensch diese bildliche Symbolschrift erst wieder lesen lernen muß.
Von all den Kirchenräumen hat mich der von San Nicola di Giornico, dokumentiert ab 1210, am stärksten beeindruckt. Die Kirche bildet in der Sprache der Kunstgeschichte das vollkommenste Beispiel lombardischer Romanik im Kanton Tessin. Auch ein ungläubiger Mensch unserer Tage fühlt sich hier wie durch einen Zeitsprung in eine Glaubenswelt von überwältigendem Ernst und großer Würde versetzt, und es überkommt ihn eine Ahnung davon, welche metaphysische Dimension Glauben damals gehabt haben muß.
Überhaupt ist Giornico wegen seiner Baudenkmäler – auf dem linken Ufer das Straßendorf, auf dem rechten der Kirchenbezirk, über die zwei Arme des Flusses buckeln sich alte Steinbogenbrücken – ein Ort, der den Kunstfreund zum Verweilen und meditativen Schauen einlädt. Die kleine Gemeinde, die schon in der Römerzeit bestand, war ein kirchliches Zentrum des Hochmittelalters.
In der Wallfahrtskirche *San Pellegrino*, an der alten Gotthardroute gelegen, findet sich an der Ostwand eine jener theatralischen Darstellungen des Jüngsten Gerichts, bei denen man meint, da sei plötzlich ein Vorhang weggezogen und man schaue in eine andere Welt.
Fast schwebend auf einem kleinen Hügel, vor den Hintergrund einer schroffen Felswand gesetzt und umgeben von einem kleinen verwilderten Garten mit den Ruinen eines zerstörten Mailänder Schlosses, präsentiert sich die in Teilen aus dem 11. Jahrhundert stammende, höher gelegene *Santa Maria del Castello.* Mit riesigen glotzenden Augen schaut ein mit Pfeilen nur so gespickter Sebastian auf den Besucher herab, und im Zentrum der Lunetta reitet ein Georg gegen einen Drachen an, der eine Prinzessin bedroht.
Langsam begreife ich, daß es eine alpine Kunst gibt. Sie drückt sich nicht nur in den Fresken dieser Kirchen aus. Sie wird erkenntlich an der geometrischen Verzierung ländlicher Geräte, an der Wucht der Sprichwörter, die an Zauberformeln erinnern. Die römisch-lombardisch-christlichen Einflüsse sind nur die oberste Schicht, unter der noch eine andere liegt, eine heidnische, vorgeschichtlich-keltisch-ligurische, naturmagische. Sie wird sichtbar in dem unter der Schwelle der Sennhütte vergrabenen Ziegenknochen, in dem auf einen Pfahl gespießten Fuchsschädel, in den ins Leinen eingewebten Mustern von Disteln oder sternförmigen Blumen. Die altromanischen Reliefs, die kraftvollen, aber reduzierten Steinarbeiten kamen dieser älteren Tradition entgegen, sogen sie gewissermaßen in sich auf und bewahrten sie.

Von Hermann Hesse, dem Grotto und dem Merlot

Nach soviel intensiver Kunstbetrachtung – und anders als intensiv kann man diesen Räumen und Bildern gar nicht begegnen – war uns Hunger angekommen, den wir in einem Grotto unmittelbar am Fluß mit Tessiner Spezialitäten stillten. Ehe ich auf diese zu sprechen komme, muß zunächst erklärt werden, was ein *grotto*, jene spezifische Tessiner Institution für Gaumenfreuden, ist. Ursprünglich ein Keller unter einem Felsen oder zwischen zwei Steinblökken, den unterirdische Luftströme kühl hielten, waren die Grotti unentbehrlich für die Lagerung von Wein und anderen Lebensmitteln wie Käse, Kartoffeln, Würsten usw. Meistens befanden sich in dem Keller noch ein oder zwei weitere Räume, wo das Gärfaß und die Gerätschaften für die Weinernte bereitstanden; manchmal war sogar ein Kamin eingebaut. Vor dem Grotto wurden ein Tisch und Bänke aus Stein aufgestellt: Eine idyllische Ecke für den Bauern, wo er sich erfrischen und ausruhen konnte.
Aus einem solchen privaten Raum, in dem Wein und Nahrungsmittel aufbewahrt und verkostet wurden, ist mit der Zeit – man kann sich das Drängen von Fremden, hier zugelassen zu werden, gut vorstellen – ein Restaurant geworden, besser eine Schenke mit einer Atmosphäre südlicher Lässigkeit, ein Ort zum Verkosten, zum Feinschmecken, zum Schwatzen, zum Entspannen, zum Träumen. Einem Grotto wohnt etwas Familiär-Privates inne, eine besondere Art des Kontaktes zwischen Wirt und Gästen, der sich auch mit neuen, unbekannten Gästen rasch herstellt, wenn sich erweist, daß jene Feinschmecker sind. (Das eindrucksvollste Erlebnis dieser Art spare ich mir für den Abschnitt über Bellinzona am Ende dieses Abschnittes auf.) Zu den Requisiten des Grotto gehört das nie ausgehende Kaminfeuer, die umgelegte Schürze und der kräftige Händedruck von Wirt oder Wirtin, große Tische, an denen die einzelnen Gäste miteinander ins Gespräch kommen. Erwartet wird, der Gast möge ein bißchen aus sich herausgehen, schließlich ist man ja im Süden.
Die Faszination des Gastes aus dem Norden, der sich vom Zauber eines Grotto eingesponnen fühlt, hat Hermann Hesse in einem Prosastück „Tessiner Sommerabend" 1921 so beschrieben:

Wir sitzen bei einem Grotto am steilen Waldhang auf kleiner Terrasse, die man auf ungefügen Stufen erklimmt und die Raum für einen oder zwei Tische hat. Ungeheuer steigen die Stämme der Bäume empor, alte riesige

Bäume, Kastanie, Platane, Akazie. Sie streben hoch hinan, durch ihr Gezweig blickt wenig Himmel, oft bin ich bei fallendem Regen hier gesessen, im Freien im Walde, stundenlang, und bin von keinem Tropfen berührt worden. Wir sitzen im Dunkeln, schweigend, ein paar fremde Künstler, die hier wohnen. In kleinen irdenen Tassen, weiß und blau gestreift, steht der rosige Wein.

Unter unserer kleinen Terrasseninsel, senkrecht unter uns, schimmert rötliches Licht in der Vorhalle des Kellers, durchs dichte Laubgitter alter Buchsbäume blicken wir hinab. Messing blinkt dort freudig im Lampenlicht: ein Horn liegt auf den Knien eines Mannes, der die kleine Weintasse vor sich stehen hat. Er setzt das Horn an. Einer neben ihm, nur halb sichtbar, nimmt die Baßtrompete, und wie sie zu spielen anfangen, klingt auch noch eine dritte Stimme mit, ein zartes Holzinstrument, an das Fagott erinnernd.

Tessiner Küche – arme Küche: Polenta, der Hungertöter, gesalzener Speck und das Osterlämmchen

Hesse haben es die Kinder, Jünglinge und Mädchen angetan, die da zu tanzen beginnen und dann „im Zauberhauch der Dämmerung und dem holden Frieden einer kleinen ländlichen Welt schließlich mehr und mehr zu Schatten werden und in der Dämmerung verschwinden". Uns aber interessiert im Augenblick mehr die Tessiner Speisekarte, über die der Dichter, jedenfalls an dieser Stelle, nichts verlauten läßt. Die genauere Betrachtung der regionalen Speisen und der Eßgewohnheiten sind eine leider viel zu wenig genutzte Methode, ein Land, seine Menschen und deren Sorgen und Freuden näher kennenzulernen. Auch hier gilt es zunächst ein Vorurteil abzubauen. „Für den Nordländer", so schreibt Alice Vollenweider, „besteht die Tessiner Küche vor allem aus safrangelbem Risotto, würziger Salami und süffigem Nostrano Wein, der aus Keramikkrüglein namens Boccalini getrunken wird". Ein anderer Küchenspezialist findet, man könne eigentlich gar nicht von Tessiner Küche reden, sondern müsse von lombardischer, norditalienischer Küche sprechen. Nicht nur das *Risotto alla milanese* stamme ursprünglich aus Mailand, auch die *Casseoula* (ausgesprochen: Cassöla) komme aus dem Mailänder Hinterland. Schmorbraten vom Rind, *Brasato*, sei aus dem Piemont ins Tessin gelangt, die *Pesce in carpione*, marinierter Fisch, in Öl gebratene und in einem Sud aus Gemüse, Essig und Rotwein marinierte Felchen oder Forellen finde man auch am Comersee oder am Lago Maggiore.

Gewiß, Tessiner Küche ist eine „Cucina povera", eine Küche armer Leute, aber wenn man sich etwas genauer umsieht, kann man unter diesem Vorzeichen dennoch manche interessante Entdeckungen machen.

Bis Mitte unseres Jahrhunderts ist die Polenta im Tessin wie in den italienischsprachigen Tälern Graubündens ein Grundnahrungsmittel geblieben. In ihrer Zubereitung aber hat man gerade im Tessin einen erstaunlichen Erfindungsreichtum entwickelt. Besonders berühmt ist die *Polenta grassa*, die fette Polenta, die die Tessiner Sennen auf der Alp zubereiten, indem sie für den dicken Maisbrei, den man mindestens eine Stunde rühren muß, statt Wasser Rahm verwenden. Bei der *Polenta taragna* fügt man 15 Minuten vor Ende der Kochzeit viel frische Butter und Würfel fetten Käses bei. Die kalte Polenta kann man geschnitten mit Zwiebeln in Butter braten, oder in einer feuerfesten Form, mit Tomatensoße übergossen und mit geriebenem Käse bestreut, gratinieren. Eine Spezialität im Malcantone sind Maiskugeln mit einem Stück Fontinakäse in der Mitte, die im Kaminfeuer knusprig gebraten werden. Salzkartoffeln sind die klassische Beigabe zu *Luganighe,* stark mit Knoblauch gewürzte Schweinswürste. In Lugano kennt man den *Alborado,* den Kartoffelkuchen. Im Verzascatal mischt man Kartoffeln und Mais zu einem Gericht, das *Mazzafam*, also Hungertöter, heißt. Es bekommt seinen feinen Geschmack vom Maismehl, das in reichlich Butter geröstet und dann mit weichgekochten Salzkartoffeln zu einem Fladen gerührt und mit geriebenem Sbrinz oder Scheibchen von Formagella gewürzt wird.

Fast überall im Tessin finden sich Eßkastanien. Sie ergeben ein wohlschmeckendes, relativ feuchtes Mehl, aus dem man Kastanienpolenta bereitete oder auch *Castagnaccio,* einen Kastanienfladen, der mit Sultaninen und frischen Rosmarinnadeln gewürzt wurde. Heute, so klagt eine einheimische Köchin, bekomme man Kastanienmehl eigentlich nur noch im Reformhaus und Kastanien würden im Tessin fast nur noch von Touristen aufgelesen. Ihre Zubereitung sei den meisten Leuten in unserer rationalisierten Zeit einfach zu arbeitsintensiv, doch stehe zu hoffen, daß sie als ein gesundes, reines und unverfälschtes Naturprodukt, das jeder Küche gut anstehe, wiederentdeckt würden. Das klassische Karnevalsgericht im Tessin waren gedörrte Eßkastanien, die über Nacht eingeweicht und dann zusammen mit *Mortadella* weichgekocht wurden. *Mortadella* heißt im Tessin nicht die allgemein bekannte Riesenwurst aus Bologna, sondern eine mit Leber vermischte Schweinswurst, die zu einem rundlichen Paket verschnürt wird. Sie gehört zusammen mit den *Luganighe,* den größeren *Coteccini*, den *Salami* und dem gesalzenen Speck zu den geschätzten Produkten der Hausmetzgerei.

Das traditionelle Osteressen ist das *Capretto*, also Zicklein. Es wird im ganzen Tessin nach dem gleichen bewährten Rezept in der Bratpfanne und nicht im Ofen zubereitet. Man läßt es vom Metzger in Stücke zerlegen, die in reichlich Butter knusprig angebraten werden; dann salzt man, löscht mit Weißwein ab und läßt das Fleisch anderthalb Stunden weiterbraten. Gegen Ende der Kochzeit fügt man viel frischen Rosmarin bei, der zusammen mit der Butter dem Gitzi das köstliche Aroma gibt.

Merlot oder die Zivilisation des Weines

Die Leventina ist nun auch durchaus die Region, um vom Tessiner Wein zu reden. Der Tessiner Schriftsteller Guido Calgari schrieb 1959 in einem Essay „*Vertrautheiten mit dem Merlot*":

In Giornico sollte man einen speziellen Hinweis anbringen oder einen Triumphbogen aus Zweigen, damit auch der zerstreuteste und eiligste Reisende, oder der ungnädigste, merkt, daß er die „Zivilisation des Weines" betreten hat, hier nämlich mehr als auf dem Gotthard endet das Land der Kartoffel und des Bieres, es beginnt jenes der Polenta und des Weines.

Die Haupt-Weinrebsorte im Kanton Tessin ist der Merlot, der Anfang des 20. Jahrhunderts nach der Reblausplage zu Versuchszwecken aus Frankreich eingeführt wurde, als der kantonale Rebbestand, der durch die Phylloxera in den letzten Jahren des 19. Jahrhunderts zerstört worden war, erneuert werden mußte.
Vergleiche mit den einheimischen Trauben Bondolay und Freisa nach Ende des Ersten Weltkriegs, waren zu Gunsten des Merlot ausgefallen. Diese Rebsorte ist relativ wuchskräftig, das Holz ist rotbraun und schimmert violett, die Blätter sind dunkelgrün und ausgefranst, die Trauben werden etwa 10 bis 15 Zentimeter lang und bestehen aus relativ kleinen, runden, schwarz-violetten Beeren.
Das Wort Merlot bezeichnet im Dialekt von Bordeaux eine junge Amsel und steht auch im Italienischen für einen kleinen Vogel.
Die Weine aus Merlottrauben sind tanninhaltig, und bei richtig durchgeführter Behandlung läßt sich der Wein gut lagern.
Derzeit deckt der Merlot ca. 86 Prozent der kantonalen Rebfläche. Außer dem Merlot wird im Tessin auch noch Pinot Noir angebaut, der früher reift als der Merlot und deshalb für Regionen über 450 bis 500 Meter geeignet ist, wo der Merlot gewöhnlich nicht ausreift. Die beiden anderen Traubenarten, die eine Rolle spielen, sind die Bondola im Sopraceneri und amerikanische Trauben (Isabella, Catauba, York-Madeira) im Luganese und Maggiatal. Sie werden vor allem für die Herstellung eines ausgezeichneten Grappa verwendet. In 176 der insgesamt 245 Tessiner Gemeinden wird Wein angebaut. Die größten Rebflächen liegen in Castel San Pietro, Stabio, Chiasso, Novazzano, Bellinzona, Coldrerio, Morbio Inferior, Gordola, Camorino und Malvaglia. In diesen zehn Gemeinden werden 32 Prozent der gesamten Traubenmenge des Tessins erzeugt. Sie liegt insgesamt bei 56 000 Doppelzentnern, was 4,2 Millionen Litern Wein entspricht. Es gibt etwa hundert Tessiner Weinproduzenten, die ihre Weine selbst verkaufen bzw. um die tausend Flaschen produzieren.
Die Weinlese beginnt im Tessin Ende September/Anfang Oktober und wird von Region zu Region gestaffelt vorgenommen. Die Masse der Trauben wird dann von der Cantina Sociale in Mendrisio und der Cantina von Giubiasco, aber auch von privaten Kellereien übernommen. Einen Teil verarbeiten die Weinbauern selbst.
Tessiner Weine sind, weil nicht gezuckert, relativ herb. Spitzenweine tragen die Qualitätsmarke „Merlot Viti". Sie machen etwa 30 Prozent der Gesamtproduktion aus. Hervorragende Jahrgänge waren 1964 und 1969, eher schlechte 1984 und 1987. Der Rote – „helles Rubinrot, geschmeidige Texture und sanfte Fülle", so lauten die von Weinhändlern verwendeten Charakteristika – hat einen besonderen Geschmack, der nicht jedermanns Sache ist – etwas, woran man sich gewöhnen muß, aber diese Gewöhnung kommt rasch, wenn man ihn zu einheimischen Gerichten trinkt.

Liebeserklärung an Bellinzona: „Dieser Platz ist ein Schlüssel und Tor zu Italien."

Durch die Leventina weiter abwärts von Giornico ist Biasca mit der Einmündung des Valle Santa Maria und der schönen Kollegiatskirche *San Pietro e Paolo* mit einer Rundapsis, dem Turm aus dem 11. bis 12. Jahrhundert und einer Vielzahl von Fresken aus dem Zeitraum zwischen dem 13. bis 17. Jahrhundert für den Kunstinteressierten eines Zwischenhalts wert. Und dann rückt rasch eine Stadt näher, die man als Fremder leicht zu unterschätzen geneigt ist: Bellinzona.
Barbara Galatis-Lehnig hat Bellinzona als eine Stadt charakterisiert, die immer ein bißchen beleidigt wirke. Man nehme sie ohne Aufmerksamkeit wahr, zwischen zwei Zügen als Umsteigebahnhof nach Locarno, als Verwaltungszentrale mit Finanzamt und anderen ungeliebten Behörden. Dabei sei sie seit über hundert Jahren Hauptstadt des Kantons Ticino und habe immer treue Dienste geleistet als Bollwerk in der Talebene des Tessin-Flusses mit den drei mächtigen Wächtern, den Castelli. Auf ihre strategische Bedeutung weist schon ihr Name hin. „*Belli zona*" heißt „Zone des Krieges". Die Befestigungen der Stadt beherrschen die Paßstraßen, die hier vom Gotthard, Bernardino und Lukmanier her zusammentreffen.
Ich erinnere mich, daß wir am frühen Vormittag ankamen, durch die Hauptstraße liefen, die etwas von einer italienischen Provinzstadt hat und nur unter verhaltenem Gähnen zum Geschäftsleben erwachte. In der Buchhandlung gab es ausschließlich italienische Literatur und die Verkäuferinnen verstanden kein Deutsch. Die riesige, in Renovation befindliche barocke Kollegiatskirche wirkte auf mich häßlich wie ein Wartesaal vor dem Fegefeuer. Aufsuchen hingegen sollte man, auch wenn man gerade keine Briefmarken braucht, die Innenräume der Hauptpost, gestaltet von Aurelio Galfetti und eines der Musterbeispiele für Tessiner Architektur.
Der weltbekannte unter einer ganzen Gruppe von Tessiner

Architekten, die auch über den Kanton und die Schweiz hinaus auf sich aufmerksam machten, gewissermaßen ihre Gallionsfigur, ist Mario Botta mit dem Beinamen „der Magier“. Geboren 1943 in Mendrisio, Ausbildung bei Le Corbusier in Venedig, dann Zusammenarbeit mit dem Architekten Louis Kahn an einem Kongreßzentrum, seit 1969 Berufstätigkeit in Lugano. Bottas Wurzeln sind im Tessin. Man spürt in seiner Architektur die Steinmetztradition seiner Heimat. Gebaut hat er unter anderen das Gebäude der *Gottardo Bank* in Lugano, das *Museum of Modern Art* in San Francisco, die *Kathedrale von Evry* bei Paris und das *Tinguely-Museum* in Basel.

Bottas Bauten haben keine gefällig schönen Fassaden. Sie spiegeln in ihrem Grundmuster ursprüngliche, natürliche und kulturelle Formen, aber heutig interpretiert. Sie wirken wie Erinnerungsmale. Kreis, Rechteck, Quader, Zylinder: Bottas Architektur liegen immer streng geometrische Formen zugrunde. Äußerlich unterstützen diese Elemente die physische Präsenz der Bauten. Im Inneren erleichtern sie die Orientierung. Viele Bauten Bottas wirken monumental. Sie setzen in einer ungestalteten, oft banalen Umgebung starke Akzente, Orientierungspunkte.

Neben Großbauten hat Botta sich immer wieder mit der Architektur des Familienhauses auseinandergesetzt. Man kann dazu von ihm hören:

Das Haus bedeutet für den Menschen eine Art Höhle, die Behausung Adams. Und dieses Element ist viel wichtiger als die Anzahl der Quadratmeter, der Luxus oder der soziale Status, den ein Haus vermittelt. Wenn Sie müde sind, wenn Sie es bis oben haben, ist das Heim für Sie der letzte Zufluchtsort. Dort können Sie sich wieder sammeln, sich mit sich selber und der Welt versöhnen und sich stärken, um das Morgen zu bewältigen.

Sucht man nach einer Faustregel für die Gestaltungsprinzipien der zeitgenössischen Tessiner Architektengeneration, so könnte man sagen, ihre Kunst vollziehe sich in der Spannung zwischen Gewachsenem und eingepflanztem Neuem.

Mit Bellinzona eng verbunden und sich zu der Aufgabe bekennend, das Bild dieser Stadt in unserer Zeit zu prägen, ist der Architekt Aurelio Galfetti. Neben der Hauptpost hat er das Sportzentrum gestaltet und das *Castel Grande* restauriert.

Ehe wir hinauf zum *Castel Grande*, einer der drei Burgen gehen, die das Stadtbild Bellinzonas prägen, und dieses Hauptwerk Galfettis betrachten, soll kurz die Geschichte der Stadt umrissen werden. Ihre Kenntnis ist nämlich eine Voraussetzung für das Verständnis des Restaurierungskonzeptes der *Castelli*.

„*Questa terra è pur una chiave e porta de Italia*“. „Dieser Platz ist ein Schlüssel und Tor zu Italien“: Mit diesen Worten kennzeichnete der Kriegskommissar Azzo Visconti 1475 in einem Schreiben an den Herzog von Mailand die strategische Bedeutung Bellinzonas, um fortifikatorische Verbesserungsarbeiten durchzusetzen.

Bellinzonas strategische Bedeutung ergab sich nicht nur aus seiner verkehrspolitischen Bedeutung als Knotenpunkt der Paßrouten, von denen eingangs schon die Rede war, sondern auch aus den topographischen Voraussetzungen, die zur Errichtung von Befestigungsanlagen geradezu einladen. Durch einen Felsenrücken, der sich von der östlichen Bergflanke her weit in die Talsohle vorschiebt, wird ein natürlicher Riegel gebildet, der nur zwei Durchgänge offenläßt: einen östlichen, wo im Mittelalter die Stadtsiedlung entstand, und einen westlichen, durch den der häufig über seine Ufer tretende Ticino zum Lago Maggiore fließt.

Ungeeignet für Siedlungen blieb bis weit in die frühe Neuzeit hinein die Überschwemmungszone des Ticino mit der versumpften Magadino-Ebene. Bis ins 15. Jahrhundert erstreckte sich ein Arm des Lago Maggiore bis hinauf nach Bellinzona. Bei Toretta gab es damals einen Hafen.

Schon in römischer Zeit entstand auf dem Hügel des *Castel Grande* Mitte des 4. Jahrhunderts eine weitläufige Wehranlage für eine ganze Kohorte. Die Eroberung des Alpenraums und seine Eingliederung in das römische Imperium geschah in mehreren Feldzügen in der Regierungszeit des Kaisers Augustus. 16/15 v. Chr. wurden die in diesem Gebiet lebenden Räter unterworfen.

Aus dem Versorgungsbereich des Kastells scheint sich danach die Grafschaft (comitatus) Bellinzona entwickelt zu haben. Im 5. oder 6. Jahrhundert dürfte im Inneren des Kastellareals eine Pfarrkirche errichtet worden sein.

Die Wirksamkeit einer Sperre bei Bellinzona erwies sich 475, als eine über den San Bernardino vorrückende Schar von 900 Alemannen auf den *Campi Canini*, beim heutigen Arbedo nördlich von Bellinzona, besiegt und zur Umkehr gezwungen wurde.

Springen wir durch die Zeiten ins Spätmittelalter, in dem sich die Stadt anderthalb Jahrhunderte im Besitz Mailands und seines Herrschergeschlechts, der Visconti, befand. Anfang des 15. Jahrhunderts, bedingt durch die Belebung des Handelsverkehrs über den Gotthard, begann dann die Auseinandersetzung zwischen den Innerschweizern und Mailand. 1404 brachte Albert von Sax, Herr der Mesolcina, Bellinzona an sich. Gegen Mailand versuchte er sich durch ein Bündnis mit den Urnern zu sichern. 1419 kauften sie ihm die Feste Bellinzona ab, konnten diese aber nicht halten. Mailand machte ein Rückkaufangebot, und als man darauf nicht einging, vertrieb 1422 der Mailänder Feldherr Carmagnola die Innerschweizer Besatzung. Ein Rückeroberungsversuch am 30. Juni 1422 endete mit einer Niederlage der Innerschweizer bei Arbedo. Das ganze 15. Jahrhundert hindurch blieben die Versuche der Urner, die Feste Bellinzona in ihre Hand zu bringen, erfolglos.

Um kriegerische Auseinandersetzungen zu vermeiden, fand Mailand die Eidgenossen schließlich mit Geldzahlungen und Handelsprivilegien ab.

Im übrigen gaben die Mailänder Herzöge die oberen Tessintäler preis und konzentrierten ihre Verteidigungsanstrengungen auf Bellinzona, dessen alte Befestigungen sie im Laufe des 15. Jahrhunderts zu einer kaum bezwingbaren Talfeste ausbauten. Alle drei heute sichtbaren Burgen wurden in dieser Epoche errichtet, d. h. das *Castel Grande* wurde ausgebaut, hinzukam das *Castello di Montebello* und um 1400, auf einem erhöhten Felskopf der östlichen Bergflanke, ein Turm, der Kern für das spätere *Castello di Sasso Corbaro.* Die Baumeister dieser Anlage sind namentlich bekannt. Sie kamen aus Florenz, aus Mantua und aus Como. Der geradezu übermächtige Eindruck, den die drei Burgen und die sie verbindenden, zum Teil noch erhaltenen Sperrmauern machen, geht im wesentlichen auf die Bautätigkeit der Herzöge von Mailand im 15. Jahrhundert zurück.

Erst mit den politischen Wirren im Herzogtum Mailand um 1500 und durch die Intervention König Ludwigs XII. von Frankreich, der in Mailand Erbansprüche mit Gewalt durchsetzte, rückte Bellinzona plötzlich in den Blickpunkt der europäischen Politik. Der französische König brauchte für seinen Feldzug gegen Mailand Schweizer Söldner und versprach dafür die Abtretung Bellinzonas. Nach dem Feldzug aber war davon nicht mehr die Rede. Die Eidgenossen entschlossen sich, nun mit Gewalt zu nehmen, was ihnen zugesagt worden war. Dem kam der König von Frankreich zuvor, indem er 1 000 Mann seiner Truppen auf der Festung einquartierte. Dann kam es im Winter 1499/1500 im Herzogtum Mailand zu einem Aufstand gegen die Franzosen, an dem sich auch die Bevölkerung von Bellinzona beteiligte. Die französische Besatzung verschanzte sich in der Murata und auf dem *Castello di Sasso Corbaro.* – Es ging hin und her. Im Frühjahr 1500 gewannen die Franzosen wieder die Oberhand und setzten den Herzog von Mailand gefangen. Die Bellinzoneser, die ihrerseits die Rache der Oberwasser gewinnenden Franzosen fürchteten, nahmen Kontakt zu einer heimkehrenden Schar von Landsknechten aus der Innerschweiz auf. Diese vertrieben die französische Besatzung. Zwar gab es in der Eidgenossenschaft auch Orte, die den Franzosen die Stange hielten, aber Uri, Schwyz und Nidwalden weigerten sich hartnäckig, das endlich eroberte Bellinzona wieder aufzugeben. 1503 erkannte Ludwig XII. im Vertrag von Arona die Ansprüche der Innerschweizer an. 1508 gab Kaiser Maximilian seine Zustimmung zur der Übertragung des Reichslehens Bellinzona an Uri, Schwyz und Nidwalden. Die Grafschaft Bellinzona wurde bis zum Untergang der Alten Eidgenossenschaft im Jahr 1798 eine Gemeine Herrschaft dieser drei Kantone. An die Stelle der Mailänder Beamten traten nun Innerschweizer Landvögte. Die Befestigungsanlagen waren ursprünglich gegen die Eidgenossenschaft gerichtet gewesen; nun verloren sie ihren militärischen Sinn. Sie wurden nicht weiter ausgebaut, ja sie zerfielen langsam. 1515 verwüstete ein Hochwasser die Sperrmauern, und man verzichtete auf ihre Wiederherstellung. Die Vögte waren schon zuvor aus den Burgen in die Stadt hinuntergezogen. 1506 wurden die drei Castelli unter die regierenden Orte aufgeteilt. Sie hießen jetzt Burg Uri, Burg Schwyz und Burg Unterwalden. Nun saßen dort Innerschweizer Kastellane, zusammen mit einer Handvoll Kriegsknechten, die den Ordnungs- und Polizeidienst versahen.

Wer im *Museum Sasso Corbaro* die Zeichnung Hans Walther von Hoffs aus der Zeit um 1630 betrachtet – die drei Burgen auf den Hügeln, den Sperriegel von Mauer und Stadt im Tal und die weithinlaufenden Vormauern – gewinnt eine Vorstellung davon, was die Instandhaltung einer solchen Anlage gekostet haben mag. Zudem hat man errechnet, daß die für eine wirksame Verteidigung der Talsperre nötige Truppenzahl bei rund 2 500 Mann lag. Man kommt zu dem Eindruck, daß die ganze Anlage, die heute etwas von einem gigantesken Architekturmuseum hat, mit der Zeit allmählich zu etwas Monströsem geworden war, das sich selbst ad absurdum führte.

Mit der Gründung des Kantons Tessin im Jahre 1803 wurden die Burgen und Mauern Kantonsbesitz. *Montebello* und *Sasso Corbaro* verfielen immer mehr und waren bis 1900 Halbruinen geworden. Das *Castel Grande* diente seit 1813 als Zeughaus und ab 1820 als kantonales Gefängnis. 1881 machte die Kantonsregierung den Versuch, das *Castel Grande* zu veräußern – vergebens. Erst ab 1900 setzten Bestrebungen ein, die drei Castelli vor dem völligen Verfall zu bewahren. 1992 wurde die von Aurelio Galfetti geplante und durchgeführte Restaurierung des *Castel Grande* abgeschlossen. Er ließ sich dabei von der Vorstellung leiten, die Gebäude hätten entscheidend die Beziehungen zwischen Burg und Stadt bestimmt. Die Restaurierung wollte diese Konstellation aufgreifen und den beherrschenden Aspekt des in einen öffentlichen Grünbereich eingebetteten Burgfelsens bewahren. Die Restaurationsarchitektur deutete die alten Funktionen und Traditionen an und nutzte die alten Räume für Aktivitäten des Heute. Der Zugang auf die Burg erfolgt mit einem Lift oder zu Fuß entlang der großen Mauer, die einst das Tal des Tessins völlig abriegelte. Dieser Weg ist auch dem Besucher zum Aufstieg zu empfehlen, weil er den Bezug zwischen Stadtkern und Berg verlebendigt. Im Nordflügel der restaurierten Burg verfügen die Behörden der Stadt über Repräsentationsräume für Empfänge und kulturelle Veranstaltungen. Die Architektur, die Gegenwart und Vergangenheit überzeugend ineinanderspielt, macht die Eingangshalle zu den beiden Flügeln zu einem Kunstwerk alter und moderner Formen und Flächen.

Im Salon unter freiem Himmel: eine kleine Wirtschaftsgeschichte des Tessins

Eine bedeutende Münzsammlung erinnert daran, das Bellinzona einst Münzprägestätte der drei Urkantone gewesen ist. Nicht versäumen sollte man, für einen Kaffee oder auf ein Glas Wein auf der Aussichtsterrasse zu verweilen. Es ist ein Platz, auf dem man sich über die Stadt erhoben, aber mitten hineinversetzt sieht in die Landschaft mit ihren Felsen, Hügeln, Wein- und Obstgärten. Hier ist tatsächlich so etwas wie ein Salon unter freiem Himmel entstanden.

Der rechte Ort auch, um einmal grundsätzlich über das Verhältnis des Tessins zur übrigen Eidgenossenschaft nachzudenken.
Das Problem nach Aufnahme des Tessins in die Schweiz 1803 bestand vor allem darin, aus dem Nichts ein modernes Staatswesen zu schaffen. Zum Aufbau einer konkurrenzfähigen Wirtschaft fehlten Kapital, Fachleute und Ausbildungsmöglichkeiten. Unternehmer nördlich des Gotthards boten „Entwicklungshilfe" an. Damit aber wurde auch eine bis in die Gegenwart fortdauernde wirtschaftliche Abhängigkeit geschaffen. Nicht selten kamen Fachkräfte, vom Spezialarbeiter bis zum Direktor, in der angesiedelten Industrie zu einem großen Teil aus der deutschen Schweiz.
Besonders schwierig hatte und hat es die Tessiner Landwirtschaft. Die Hauptursache waren dabei unwirtschaftliche Enge und übermäßige Parzellierung der Betriebe. Der durchschnittliche Landbesitz eines Tessiner Bauern ist dreimal kleiner als in der Deutschschweiz und mehr als doppelt so zerstückelt. Das führte zu einer schlimmen Bilanz. So haben fast alle Gemeinden des Verzascatals in den letzten hundert Jahren zwei Drittel, manche sogar vier Fünftel ihrer Einwohner verloren. Nicht viel anders lauten die Zahlen für die Leventina, das Centovalli, das Blenio- und das Maggiatal. Als Ursachen hierfür erklären uns die Bevölkerungsstatistiker: niedrige Geburtenziffern und ein Bevölkerungsschwund durch den Auswanderungsdrang, der dem Land die nötigen Arme wegstehle und die jungen Männer von der Ehe abhalte.
Noch immer steht das Tessin an der Peripherie der Eidgenossenschaft, eingezwängt zwischen einer natürlichen Grenze im Norden, den Alpen, und einer politischen im Süden. Die eine Grenze durchlöcherte das Autobahnloch, die Sprachgrenze blieb bestehen.
Wenn man im Tessin als junger Mensch studieren will, geht man nach Genf, Lausanne, Pavia oder nach Florenz. Dort werden die Vorlesungen nämlich in einer Schriftsprache gehalten und nicht in einer Abart davon. Die politischen Benachteiligungen des Tessins wurden nur langsam überwunden.
Mit der Hochkonjunktur der sechziger Jahre unseres Jahrhunderts, in der selbst die einzige Schwerindustrie im Kanton, *Monteforno* in Bodio, auf Hochtouren lief, kamen die Raumplanungsprobleme. Langsam entstand im Tessin eine neue Gesellschaft mit Schwerpunkt nicht mehr auf der Landwirtschaft, sondern in den Dienstleistungsgewerben. Die Solidität der Schweizer Währung und ausländisches Fluchtkapital führten dazu, daß Lugano zum drittgrößten Finanzplatz der Schweiz wurde, wobei es nicht ohne Bankskandale abging und häufig die altehrwürdigen, in den dreißiger Jahren gegründeten einheimischen Kreditinstitute von den neuen Riesen der Branche geschluckt wurden. „Schweizer Kolonialismus" ist ein Stichwort, das immer wieder im Zusammenhang mit dem problematischen Verhältnis zwischen dem Tessin und der übrigen Eidgenossenschaft aufgetaucht ist. Es ist immer noch gültig. Es hat heute nur ein anderes Gesicht.

Kehren wir zurück in die Stadt und steigen, aus dem Tal kommend, an dem geräumigen Schiff der barocken Kollegiatskirche entlang, an winkligen Mäuerchen vorbei und durch auf Terrassen angelegten Gärten zum gegenüberliegenden Hügel auf.
Auch die beiden anderen Castelli dort sind heute Museen geworden. Der Kernbau von *Montebello* beherbergt das *Museo Civico* mit einer eindrucksvollen und anziehend ausgestellten archäologischen Sammlung, in der man gewissermaßen einen Blick unter die Erde des Tessins tut, während im *Castello di Sasso Corbaro* das *Kantonale Volkskunde-Museum* eingezogen ist. In einem Teil des alten Gemäuers residiert die sich zunächst unscheinbar ausnehmende Osteria, in deren kleiner Gaststube wir ein Eßerlebnis hatten, wahrlich ein Gedicht von einem Essen, nach dem ich die folgenden Zeilen in mein Tagebuch schrieb:

In der Osteria Castello
di Sasso Corbaro
war das Mittagsgericht,
kreiert vom Wirt Athos Luzzi,
Kalbsrouladen mit Steinpilzen
und verschiedene Gemüse.

Besonders der in Weißwein
gedünstete Wirsing
schmeckte vorzüglich.
Als wir dies lobten,
servierte Luzzi als Kostprobe
Kutteln eines Zickleins,
das bis zu seiner Schlachtung
nur mit Muttermilch genährt worden
war.

An der Wand
während des Gaumenkitzels
als Augenweide
das abstrakte Bild
eines einheimischen Malers.
Im hinteren Raum
ein paar gute Radierungen von
Leo Maillet.

In solchen Stunden
kann ich das Leid der Welt
vergessen.
Wer solches vermag,
der Koch, der die Kutteln würzte,
der Maler, der die Farben mischte,
seien bedankt!

Giornico, San Nicolao. Die Kapitelle in der dreischiffigen Hallenkrypta zeigen vegetabile und geometrische Motive. Unwillkürlich denkt man an den Versammlungsraum einer im Untergrund lebenden Gemeinschaft.

Die Kirche San Nicolao in Giornico, entstanden zwischen 1210 und 1228, ist das bedeutendste romanische Baudenkmal der Schweiz und wird mit ihrer archaischen Strenge jeden Liebhaber der Romanik entzücken. Man achte vor allem auch auf die phantastischen Tierbilder von Löwen, Hasen, Widdern an den Kapitellen des Gruftraums.

Dieses Fresko in San Nicolao, Giornico, zeigt den Heiligen Gotthard, den Heiligen Viktor, Petrus, drei Kinder (spätberufene Täuflinge?) in einem Zuber und einen segnenden Bischof.

Giornico, Kirche San Nicolao. Die früheste Nachricht über die Kirche stammt aus dem Jahr 1210. Bei den spätgotischen Fresken dürfte es sich um Arbeiten von Nicolao da Seregno aus dem Jahre 1478 handeln. Hier ist die Majestas Domini in der Kalotte mit den Symbolen der Evangelisten.

Die hochgotischen Fresken in der katholischen Pfarrkirche S. Maria Assunta in Brione, Verzasca, gehören zusammen mit denen in der Kirche Madonna dei Ghirli bei Campione zu den eindrucksvollsten Zeugnissen giottesker Malerei im Alpenraum. Die Kirche scheint 1294 gegründet worden zu sein.

Das berühmteste Renaissancewandbild der Schweiz in S. Maria degli Angioli in Lugano. Es ist datiert auf 1529 und stellt die Passion Christi dar.

Y·N·R·I
S·P·Q·R
DIVISERVNT SIBI VESTIMENTA
ASPICIENT IN EVM QVEM CONFIXERVNT

Gentilino, Malcantone: Die einsame, in malerischer Lage sich erhebende katholische Pfarrkirche gehört zum Plebanbezirk Agno.

Auf die Ortschaft Brione stößt man am Zusammenfluß des Osurabaches mit der Verzasca. Die Kirche S. Maria Assunta wurde 1683 auf den Fundamenten eines älteren Gotteshauses (1294) errichtet. Sie birgt bedeutende Fresken, die von Künstlern aus der Schule Giottos stammen.

In Giornico bewerben sich drei sehenswerte Kirchenräume darum, von kunstgeschichtlich interessierten Touristen entdeckt zu werden. Dicht neben einander liegen S. Michele (erwähnt 1210) und San Nicolao, deren beide Türme hier abgebildet sind. Höher am Hang stößt man auf S. Maria di Castello, erbaut auf dem Areal einer Milaneser Burg.

Ein Fresko in der Kathedrale von Lugano, das durch seine naive Gläubigkeit und seine konzentrierte Darstellungskraft auf sich aufmerksam macht.

In der Kathedrale San Lorenzo zu Lugano ist vor allem der reiche Freskenschmuck und die Renaissancefassade im lombardischen Stil bemerkenswert.

Die Pfarrkirche aus dem 11. Jahrhundert und das Baptisterium sind die bedeutendsten Bauten von Baveno, einem Ort am Lago Maggiore, den Richard Wagner, die Königin Viktoria von England, die russische Zarin Alexandra und Winston Churchill schätzten.

Eine große Kuppel, die in Farbe und Mustern der Wölbung an eine im Wasser treibenden Qualle erinnert, überspannt den Innenraum der Kirche S. Maria dei Miracoli in Morbio Interiore im Mendrisiotto. Das Dorf war vom 16. bis 18. Jahrhundert der Heimatort der wichtigen Künstlerfamilie Silva.

Der Erzpriester Giovanni della Croce stiftete in dem bis in die römische Zeit zurückgehenden Riva San Vitale eine imposante, zwischen 1588 und 1592 erbaute Renaissance-Kuppelkirche, deren Bilder an die manieristischen Ausmalungen auf der Engelsburg in Rom erinnern.

In Gentilino haben in der Pfarrkirche S. Abbondio Ende des 17. Jahrhunderts die Brüder Antonio und Eugenio Camuzzi das Kreuzgewölbe des Chores mit Bildfeldern versehen, die Engel und Szenen aus dem Leben des Heiligen darstellen. Ein Blick in den Himmel!

Cevio ist der Hauptort des Bezirkes Valle Maggia. Wie häufig im Tessin, dominiert in der Wallfahrtskirche S. Maria del Ponte prunkender Barock mit Stukkaturen, wie man sie sich üppiger kaum denken kann.

Nächste Seite:

Monte im Mendrisiotto: In der Pfarrkirche S. Antonio Abate findet sich in einer mit Stuck verzierten Kapelle eine barocke Muttergottesstatue aus Terrakotta aus dem 17. Jahrhundert, die von Rosenkranzbildchen und Darstellungen über das Leben Mariä eingerahmt wird.

Vallemaggia und Verzascatal oder Der Stein und der Mensch

Den besten Blick auf das Vallemaggia, wie neuerdings auch die Schreibweise in offiziellen Dokumenten lautet, hat man an einem klaren sonnigen Herbsttag von einem Flugzeug aus, das in der Magadinoebene startet. Beim Blick nach Nordwesten sieht man am oberen Rand des Blickfeldes ein Stück strahlend blauen Himmels, darunter eine Sperrmauer von schneebedeckten Gipfeln, alle um die 3 000 Meter. Wiederum einen Abschnitt tiefer scheint das Bild nicht das einer Landschaft. Es sieht aus wie eine vergrößerte Elefantenhaut. Dort, wo Stein und Fels frei liegen, ist die Farbe ein Graublau, das zu Lila hin changiert, steile Abstürze zeigen sich hell wie schneeige Flecken oder wie mit Kreide schraffiert, mit Wäldern bedeckte Teile haben ein kastanienfarbiges Braun.
Weit oben teilt sich das Vallemaggia wie die Finger einer riesigen Hand: Bei Cevio zweigt das Rovanatal ab, und bei Bignasco treffen sich das Bavona- und das Lavizzaratal. Die drei Täler verzweigen sich ihrerseits in zahlreiche kleinere Täler.
Tatsächlich ist, wie Giorgio Cheda schreibt, „der Stein Herr des Tales“ und der Mensch hat selbst mit den Mitteln der modernen Technik die Urkräfte der Natur, den Stein und das Wasser, nur teilweise gebändigt.

Karger Boden, verlassene Heimat – Strom aus Wasser, Arbeit durch Stein

Heute wohnen im Maggiatal insgesamt 5 000 Menschen, die sich freilich ungleich über das gesamte Talgebiet verteilen. Die meisten von ihnen leben im unteren Talabschnitt zwischen Avegno und Cavergno. Im Lavizzaratal leben 600 Personen, in Rovana noch ganze 230.
Seit 1850 hat das Maggiatal insgesamt ein Drittel seiner Bevölkerung verloren. Am dramatischsten waren die abgelegensten Gemeinden von dieser Entwicklung betroffen. Einige Weiler gerieten derart in den Abwanderungssog, daß sie innerhalb von hundert Jahren 90 Prozent der Bevölkerung verloren, in anderen blieb kein einziger Bewohner mehr übrig. Besonders stark war die Landflucht nach dem Zweiten Weltkrieg in die Städte des Tessins; während dieser Jahre wanderten mehr Leute fort als im vergangenen Jahrhundert, als das Auswanderungsziel noch Amerika hieß.
Die Landwirtschaft im Tal war auf Selbstversorgung ausgerichtet. Schwierigkeiten traten auf, als die Betriebe in der Ebene seit den fünfziger Jahren modernisiert wurden. Von da an nahm die Zahl der Bauernhöfe im Tal rapide ab, die Viehzucht verkleinerte sich um 70 Prozent, von 105 Alpen wurden nur noch 20 belegt. Viele der Bergbauern wanderten in andere Wirtschaftszweige ab. Seit 1970 ist es zu einer langsam verlaufenden Umkehrung dieser Entwicklung gekommen. Immerhin wurden drei Alpen saniert, aber immer noch sind viele von den noch

bestoßenen nicht an das Straßennetz angeschlossen, was eine wichtige Voraussetzung dafür wäre, den Bauern die Arbeit zu erleichtern. Hergestellt wird im Tal ein Käse aus Kuh- und Ziegenmilch, der „Valmaggia" heißt, außerdem Butter und Frischkäse. Immerhin produziert die Landwirtschaft nun wieder jährlich Lebensmittel im Wert von über einer halben Million Franken. Zu Anfang des Jahrhunderts war, was die Arbeitsplätze anging, die Alternative vor allem der Abbau und die Verarbeitung von Gneis. Diese Arbeit war allerdings bei den Talbewohnern nicht sehr beliebt. Man überließ sie zumeist den Gastarbeitern.
Um 1950 wurden dann im oberen Talabschnitt große Elektrizitätswerke gebaut, zunächst in Verbano, Cavergno und Peccia, in einer zweiten Etappe in Banona und Robiei. Das Kraftwerk in Ponte Brolla ist älteren Datums. Es nahm seinen Betrieb 1904 auf und wurde 1958 erneuert. Die lokale Bevölkerung fand zunächst dort Arbeit. Später wurden die Betriebe wieder durchrationalisiert und viele Leute entlassen. Heute wächst der Tourismus schnell, innerhalb der letzten Jahre um 70 Prozent. 438 021 Übernachtungen waren es 1993. Die Kirche *Madonna delle Grazie* in Maggia, die Piazza und das Museum in Cevio, Bosco Gurin, das Rovanatal und der Wasserfall von Foroglio sind zu bekannten Reisezielen geworden. Was die Arbeitssituation betrifft, so verläßt immer noch etwa die Hälfte der aktiven Bevölkerung das Tal bei Ponte Brolla.
Zwei Steinarten sind es heute, die dem Tal zu so etwas wie Kleinindustrien verholfen haben. Da ist zunächst einmal die Granitindustrie. Der Granitexport wurde möglich, als Anfang des 20. Jahrhunderts eine Eisenbahnlinie ins Tal verlegt wurde. In den sechziger Jahren wurde sie wieder abgebrochen. Auch die Granitindustrie mit ihren elf Betrieben und ihrem jährlichen Umsatz von ca. 16 Millionen Franken beschäftigt heute nur um die 200 Arbeiter, davon sind mehr als die Hälfte Ausländer. Sie produziert vor allem Treppenstufen, Abdeckplatten, Mauersteine, Fenstersimse, Pergolasäulen, steinerne Tische und Bänke. Hinzu kommen die Marmorvorkommen bei Peccia. Das umfangreiche Lager befindet sich im Ort selbst, der eigentliche Steinbruch sechs Kilometer weiter hinten im Tal auf 1 300 Meter Höhe.
Die Zukunftsaussichten der den Marmor abbauenden *Cristalla AG* werden als günstig bezeichnet. Zwar sind die Produktionskosten eher hoch, aber die Qualität ist gut, und der Stein wird sorgfältig verarbeitet.
So sehr das Tal bei dieser Situation auf den Tourismus angewiesen ist, so hat doch seine ständige Zunahme, vor allem was das Dorfbild im Tal angeht, durchaus auch negative Auswirkungen gehabt.
Die meisten Dörfer des unteren Maggiatals liegen auf der Sonnenseite. Der Dorfkern liegt etwas erhöht auf den sanft abfallenden Geröllkegeln; im ziemlich breiten und flachen Talgrund verläuft der oft Hochwasser führende Fluß.
In jedem Dorf ist der alte Kern erkennbar: Es ist jene Gruppe von Häusern und Ställen, die so eng zusammengerückt sind, daß nur enge Gassen zur Piazza führen, wo heute häufig noch ein Brunnen steht, der zumeist aus einem Steinblock gehauen ist.
Die Dörfer waren früher rundherum von grünen Wiesen und inzwischen verschwundenen Feldern umgeben, die sich bis zu den landwirtschaftlich nicht genutzten Flußauen ausdehnten, durch die sich die Maggia windet. Hinter den Häusern steigen die Terrassen wie große Treppen den Bergfuß hoch, wo sich Wein um Pergolen rankt. Ohne diese Terrassen wäre das Gelände so steil und steinig, daß nichts angebaut werden könnte. Früher waren die Rebberge viel größer als heute, wie man leicht merkt, wenn man in den Wäldern spazieren geht. Man stößt in diesen Randgebieten häufig auf halbverfallene Terrassenmauern. Granitsäulen erinnern überall an Weinberge, die der Wald verschlungen hat.

Die Steine erzählen die Geschichte des Tales

In den letzten Jahrzehnten haben die Dörfer des Maggiatales ein anderes Gesicht angenommen. Um den alten Dorfkern sind zahlreiche Häuser gebaut worden und wuchern immer mehr in die grüne Landschaft hinaus. Es sind Allerweltsbauten ohne Bezug zur traditionellen Architektur des Tales, deren Besitzer Einheimische, aber keine Bauern mehr, oder Ortsfremde sind. Die intensive Bautätigkeit in der Gegend bis Cavergno deutet zwar auf einen in den letzten Jahrzehnten gewachsenen Wohlstand hin. Die negative Folge ist die Zerstörung des alten Ortsbildes. Immer häufiger nehmen diese Dörfer das Erscheinungsbild von städtischen Vororten an, zeigen Szenerien von geradezu provozierender Häßlichkeit.
Auf den Hausmauern im alten Teil von Bignasco finden sich die Jahreszahlen 1540, 1546, 1549. Seit diesen Daten hatte sich die Bauform über Jahrhunderte kaum geändert. Sie hatte die Schönheit des Zweckmäßigen. Die Häuser waren klein, auf die unmittelbaren Bedürfnisse des Menschen ausgerichtet. Sie hatten häufig zu ebener Erde einen Laubengang und eine große, nach Süden ausgerichtete Loggia. Eine wuchtige Steintreppe führte außen in den ersten Stock hinauf. Zu ebener Erde wie im ersten Stock gab es ein oder zwei Zimmer, vier schmucklose Mauern und keinerlei hygienische Einrichtungen. Die „Bedürfnisse" wurden in einer Hofecke oder in der Nähe des Gemüsegartens verrichtet. (Was natürlich dem Touristen als ein gravierender Mangel an zivilisatorischem Komfort erscheint, während er doch sonst zumeist gerade auf das Urig-Ursprüngliche aus ist!) Die Häuser sind mit Trockenmauern und Steinplattendächern ausgeführt, also mit Material, das am Ort vorhanden war. Es gab nicht viel Kalk, so daß dieser Baustoff nur sehr sparsam verwendet wurde. Das Feuer wurde entweder mitten in der großen Küche oder in einer Ecke entfacht, und dies war die einzige Licht- und Wärmequelle. Der Rauch ver-

rußte Mauern und Decken und entwich schließlich durch ein Loch über der Tür, so daß auch der Laubengang geschwärzt wurde.
Das Wohnhaus, der angebaute Stall, der Holzschuppen, der Ofen, der Schweinestall und vielleicht auch das Häuschen zum Dörren der Eßkastanien waren um den Hof angeordnet, so daß dieser mit hohen Mauern von der Straße abgeschlossen war. Der Torbogen mit einem kleinen Dach und das massive, zweiflüglige Tor trennten den privaten vom öffentlichen Bereich. Der so geschützte Hof war damit ein intimer Wohnraum, wo die Familie einen guten Teil des Tages verbrachte, also außerhalb der düsteren und rauchigen Küche.
Die Häuser und Ställe, der Brunnen und das öffentliche Waschhaus, der gemeinsame Backofen, die Weinpresse, die Mühle und das Grotto waren lebenswichtige Bauten, zwischen denen sich der Alltag der Bauern abspielte, die ständig darum bemüht sein mußten, genügend Nahrungsmittel anzubauen und einzulagern. Zu jener Zeit, da diese Häuser entstanden, waren die Familien immer groß, sie konnten in diesen engen und einfachen Räumen leben, weil der größte Teil der Arbeit im öffentlichen Bereich stattfand, wo gemeinsame Einrichtungen benutzt wurden.
Wer im Maggiatal ein Bauerndorf auf dieser Entwicklungsstufe der ländlichen Architektur betrachten will, findet es in Boschetto bei Cevio, wo die Zeit etwa um 1700 angehalten worden zu sein scheint.
Diese Häuser vermitteln auch eine annähernde Vorstellung von der Härte der Lebensbedingungen zu dieser Zeit.
Mit Anflügen von Wohlstand änderte sich auch die Einrichtung. Ab 1700 wurde in die großen rußgeschwärzten Küchen Rauchfänge eingebaut und das Kaminrohr außen an der Frontseite bis zum Dach hinaufgezogen. Als die Treppe nach innen verlegt wurde, bedeutete das einen wichtigen Einschnitt. Vom ebenerdigen Laubengang stieg man nun in die höheren Stockwerke, wobei das Treppenhaus zwar offen blieb, aber vom Dach geschützt war. Diese Veränderung läßt sich an gewissen Häusern in Gordevio und Moghegno noch heute studieren. Im 19. Jahrhundert kamen dann die ersten geschlossenen Bürgerhäuser, dreistöckig und mit symmetrischer Architektur (Korridor und zentrales Treppenhaus) mit einem Walmdach und breiter Dachtraufe, dem unvermeidlichen Balkon über dem Eingang und der nach Süden ausgerichteten Galerie im zweiten Stockwerk.
Eine weitere Veränderung der Architektur trat ein, als zwischen 1818 und 1824 im unteren Maggiatal die Fahrstraße neu gebaut wurde. Von da an stellte man neue Häuser mit der Fassade gegen die Fahrbahn entlang der neuen Verkehrsader.
Dieser neue Haustyp stammt nicht selten von Händlern, die so ihren Wohlstand demonstrierten, vor allem aber von Emigranten, die aus dem Ausland heimkehrten. In Someo sind die kleinen Villen entlang der Kantonsstraße so zahlreich und heben sich so deutlich von den übrigen Bauten ab, daß sie dort ein regelrechtes „Palastviertel" bilden.

Der „Baum des Lebens" – Alles über die Eßkastanie

Das Vallemaggia ist der rechte Ort, um sich noch einmal, und diesmal etwas ausführlicher, mit jenem Gewächs zu befassen, das der Tessiner Augusto Gaggioni „den Lebensbaum" genannt hat.

Selten oder nie, schreibt Gaggioni, *hat sich eine so enge Symbiose zwischen dem Menschen und einem Wildbaum ergeben. Gerade in der Sprache spiegelt sich diese Tatsache am deutlichsten. Im Dialekt (des Maggiatales) bezeichnet das Wort arbo, das von arbore (Baum) stammt, nicht mehr einfach eine holzige Pflanze, sondern hat den Sinn so verengt, daß heute nur noch die Kastanie gemeint ist. Die Kastanie ist zum Baum schlechthin geworden. Und selva (eigentlich Wald) bezeichnet in erster Linie einen Kastanienwald.*

Welche Bedeutung der Baum vor allem in der Vergangenheit besaß, geht auch aus der Tatsache hervor, daß es Ortsbürgern im Maggiatal erlaubt war, auf Allmendland Kastanien zu pflanzen, und daß ihre Nachkommen Besitzer des Baumes und seiner Früchte blieben. Dieser Rechtsgrundsatz galt bis zur Einführung des Zivilgesetzbuches 1912.
Von der Wertschätzung der Eßkastanie, die in frühester Zeit sogar religiöse Verehrung genossen haben soll, ist in der Gegenwart nicht viel übrig geblieben.
Spöttisch schreibt Gaggioni, bis gegen Ende des vergangenen Jahrhunderts hätten die Leute im Tal zwischen einem guten Dutzend verschiedener Kastaniensorten zu unterscheiden vermocht, heute nur noch zwischen Früchten mit und ohne Wurmloch.

Während den Wintermonaten aß man (damals) als Mahlzeit ein- oder zweimal geröstete, gekochte oder getrocknete Kastanien. Man hat berechnet, daß eine Familie von sechs Personen jährlich bis zu einer Tonne Kastanien verzehrte.

Die Kastanien wurden regelrecht geerntet, ein Vorgang, der sich über mehrere Wochen hinzog, weil die frühen Sorten schon Ende September reif waren, während die späten erst um den Martinstag (den 11. November) gesammelt wurden.
Wie bei der Walnußernte wurden die Eßkastanien geschüttelt. Die Männer kletterten auf die Bäume, bewegten die Äste oder schlugen mit langen leichten Stangen die noch in der Schale eingeschlossenen Früchte herunter. Frauen und Kinder sammelten sie dann mit Rechen oder mit einer speziellen Holzzange ein und sortierten sie ein erstes Mal. Die Kastanien ohne stachlige Schalen wurden noch am gleichen Tag ins Dorf gebracht; die schönsten waren für den sofortigen Verzehr bestimmt,wurden mit oder ohne Schale gekocht oder geröstet. Den Ausschuß verfütterte man an die Schweine.
Die noch geschlossenen Kastanienigel wurden gleich an

Ort und Stelle zu einem Haufen aufgeschichtet und mit Blättern, Ginster, Farn, Brombeerranken und Steinen zugedeckt, um sie vor den gefräßigen Ziegen zu schützen. Einige Wochen später nahm man diesen Haufen (*ricciaia* genannt) auseinander und entfernte die stachligen Schalen mit speziellen Holzhämmern an mehr oder weniger langen Holzstielen. Mit diesen Werkzeugen konnte man die Stachelschalen öffnen, ohne die Frucht zu beschädigen.

In diesem abgedeckten Haufen konnten die Kastanienfrüchte nachreifen; sie fermentierten darin leicht, was dazu führte, daß die Schalen sich leichter öffnen ließen, und angeblich hielten sich danach die Früchte besser. Die sicherste Konservierungsmethode war aber die Trocknung im *gra*, einer kleinen alleinstehenden Hütte, die oft gleich neben dem Kastanienhain stand. Dort wurden die Kastanien auf einem Rost auf Mannshöhe ausgebreitet, darunter wurde ein Feuer entfacht, das während mindestens vier Wochen Tag und Nacht brannte. An der Wärme und im Rauch trockneten die Kastanienfrüchte, die täglich gewendet wurden. Sobald man sie für genügend trocken hielt, wurden sie enthülst, indem man sie noch warm in robuste, länglich schmale Leinensäcke abfüllte und diese auf Baumstümpfe schlug. Ein anderes geeignetes Instrument war die „*batticastagne*", ein schweres Holzbrett, das auf einer Seite tiefe Kerben aufwies und an einem beweglichen Griff gehalten werden konnte.

Der letzte Arbeitsgang zum Trennen von Früchten und Schalen fiel den Frauen zu. Die kleinen und die durch das Dreschen zerkleinerten Früchte wurden mit einem gewöhnlichen Sieb von den großen und intakten Kastanien getrennt. Die bei der Sichtung anfallende Schalenspreu wurde sorgfältig zusammengewischt und aufbewahrt: Im folgenden Jahr wurde sie bei der Kastanientrocknung dazu benutzt, die brennenden Baumstrünke zuzudecken, so daß das Feuer nicht aufloderte, aber trotzdem gut brannte.

Wer den Bericht über die doch recht umständliche Ernte und die Aufbereitungsarbeiten gelesen hat, wird sich vorstellen können, warum Kastanien als Nahrungsmittel aus der Mode gekommen sind. Mit einer Konserve und einer Beutelsuppe geht's rascher! Daß man damit ein gutes Stück alte Kochkunst, durch Generationen entwickelten Wohlgeschmack und ein „Überlebensmittel" einfach abtat, wurde zunächst nicht beachtet. Denn auch dies wissen die Pflanzenhistoriker zu berichten: Von der Völkerwanderung an über das ganze Mittelalter hinweg, als die Menschen in wirtschaftlicher Autarkie lebten und Getreide Mangelware war, dehnte sich der Kastaniengürtel am Alpensüdrand ständig aus. Die bäuerlichen Gemeinschaften verteidigten ihren Baum immer sehr eifersüchtig, weil er es ihnen erlaubte, die verheerenden Hungersnöte zu überstehen, unter denen Europa bis ins fortgeschrittene 18. Jahrhundert litt. In jüngerer Zeit wurde der Getreideanbau intensiviert, und der Mais wie die Kartoffel – im Vallemaggia seit Ende des 18. Jahrhunderts – verminderten die Abhängigkeit des Menschen von der Kastanie, womit auch die Pflege dieses Baumes immer mehr vernachlässigt wurde. Allerdings erinnerte man sich dann in den schwierigen Jahren des Ersten und Zweiten Weltkriegs noch einmal an die Bedeutung des Baumes. Daß er daraufhin vorübergehend der Mißachtung anheimfiel, hat möglicherweise mit den umfassenden zivilisatorischen Veränderungen etwas zu tun, die sich in den fünfziger und sechziger Jahren im Tessin abspielten. Immerhin scheint sich im laufenden Jahrzehnt bei der Nutzung der Eßkastanie als Nahrungsmittel eine noch mit Vorsicht zu beurteilende Rückwende anzubahnen. Vielleicht liegt das auch daran, daß 1947 die Eßkastanien im Tessin von einer schrecklichen Krankheit befallen wurden, also man erst durch ihren Verlust sah, welchen Schatz man da besessen hatte. Vielleicht war es auch die Nachfrage der Touristen aus dem Norden, die bei fliegenden Händlern in den Fußgängerzonen die Maroni zu schätzen gelernt hatten und sich nun durchaus für Gerichte aus Eßkastanien aufgeschlossen zeigten. Der lateinische Name der Krankheit, die den Baum befallen hatte, lautete *Endothia parasitica* oder mit deutscher Bezeichnung Rindenkrebs der Kastanie. Fachleute sagten damals voraus, die Eßkastanie werde, wie nach dem Auftreten der Seuche in Amerika, nach einer Generation verschwunden sein. In den siebziger Jahren aber stellte man fest, daß die Bäume sich nach und nach von der Krankheit erholten, indem sie das erkrankte Gewebe nach außen abstießen. Wie schreibt der Tessiner Autor Francesco Chiesa über den Eßkastanienbaum?

Man fällt ihn und er wächst wieder nach. Sie stutzen ihn zurück, und er wächst wieder. Das Alter gräbt Höhlen, Gänge und Wege in sein Mark, aber die Rinde wächst immer wieder nach, man muß ihn nur lebendig, groß und fruchtbar erhalten.

"Meine Arbeit ist nicht für einen Tag, sondern ewig getan": Der Votivmaler Giovanni Antonio Vanoni

Begeben wir uns nun auf einen Ausflug zu wichtigen Punkten im Tal und seinen Seitentälern. Beginnen wir unsere Fahrt etwas außerhalb der Ortschaft Maggia an der kleinen Kirche *Santa Maria delle Grazie* oder *Santa Maria in Campagna*. Sie wurde um 1500 errichtet. Das Bild der Madonna galt als wundertätig.

Im Laufe der dreihundertjährigen Bautätigkeit, als ein Türeingang zur Sakristei gebrochen wurde, zerstörte man dabei Fresken. Auch beim Anbau der Seitenkapelle wurde ein weiteres großes Fresko, wahrscheinlich eine Abendmahldarstellung, vernichtet. Der größte Schaden allerdings wurde der Kirche 1906 bis 1907 zugefügt, als man beim Bau der Eisenbahnlinie Locarno–Bignasco an der südöstlichen Ecke der Kirche Gräben aushob. Das Mauerwerk bekam Risse, die man auszubessern versuchte. Dabei zer-

störte man weitere Fresken. Wenn man nach einer Erklärung für dieses barbarische Vorgehen sucht, so erfährt man von den regionalen Kunsthistorikern, daß eben alle Kunst vor dem Barock im Land in keinem hohen Ansehen gestanden, ja als primitiv gegolten habe. Genau diese aber stellt den eigentlichen Kunstschatz des Gotteshauses dar. Die Fresken in der Apsis und am Triumphbogen sind 1528 bis 1529 entstanden und bilden klassische Themen ab. So in der irisierenden Mandel die Krönung Marias durch den Erlöser mit musizierenden Engeln, die die beiden Gestalten umflattern. Unter den Symbolen der Evangelisten verkörpert der schönste und farbenprächtigste Engel den Matthäus. Auch unter den zehn Aposteln im mittleren Register hat es ausdrucksstarke Figuren. Im unteren Register ist die Darstellung der Monate kaum noch sichtbar.
Von köstlicher Naivität sind die Votivgemälde, die 24 Werke des aus Aurigeno im Tal stammenden Giovanni Antonio Vanoni, der an die vierzig Bilder im Tal hinterlassen hat. Sein Lebenslauf spiegelt ein typisches Tessiner Schicksal des 19. Jahrhunderts.
Der Maler wurde im Februar 1810 in Aurigeno in einer Kleinbauernfamilie geboren. Die Eltern brachten die Familie mit einer kleinen Landwirtschaft und zeitweiliger Emigration durchs Leben. Schon als Kind mußte Giovanni Antonio seiner Mutter bei der Alltagsarbeit helfen. (Der Vater war oft fort.) Er pendelte mit ihr zwischen dem Dorf und den Hochweiden. Als junger Bursche scheint er dem Vater und den anderen Männern in die Lombardei gefolgt zu sein.
Offenbar entdeckte Giovanni in Mailand sein Maltalent, trat dort in ein Atelier ein und besuchte vielleicht sogar die Kunstakademie. Er wanderte schließlich bis nach Rom. Von dieser „Kunstreise" erhielten sich Skizzen und Beschreibungen von Kunstwerken, die er in der Heiligen Stadt sah.
Mit knapp dreißig Jahren kehrte er in seine Heimat zurück und heiratete 1839 Caterina Vanoni, die ihm drei Söhne und sieben Töchter gebar.
Nach seiner Heirat unternahm der Maler nur noch zweimal weitere Reisen: einmal in die Region Locarno, dann 1860 nach Paris. Er bewirtschaftete einen Bauernhof, arbeitete als Maler und Dekorateur und war außerdem eine Zeitlang Gemeindesekretär, später Gemeindepräsident. Er starb am 29. Oktober 1886.
Als sein Hauptwerk gelten die Fresken in der Pfarrkirche von Aurigeno, die Heilige und eine Auferstehung darstellen. Aus dem Zitat, das diesem Abschnitt vorangestellt ist, spricht ein gesundes Selbstvertrauen. Kunstkenner meinen, daß Vanoni in den 105 Votivbildern, die sich erhalten haben, sein Bestes gab. In ihnen hat er realistisch, aber ohne Melodramatik die Unglücke, Abenteuer, die Krankheiten und heimlichen Sorgen seiner Auftraggeber dargestellt und uns damit ein unschätzbares Bilderbuch seiner Zeit hinterlassen.
In Cevio muß man sich Zeit lassen für das Museum des Maggiatals im 1630 errichteten Prunkbau des Kanzlers Giovan Angelo Franzoni, während 36 Jahren hier Stellvertreter der Landvögte. Bis ganz zum Ende sind wir dem Bavonatal gefolgt. Das ist nun schon ganz und gar entrückte Bergwelt, mit dem Wasserfall bei Foroglio, mit dem Felsblock an der Straße gleich nach Fontana, auf dem steht: „Jesus Maria + 1594 + HIER WAR MAL EIN SCHÖNES LAND", den kleinen Weilern und den Matten davor, die alle aussehen, als sei das ganze Tal ein Heimatmuseum, und dem Ende der Straße, von dem eine Bergbahn zu den Seen und Spitzen noch weiter oben führt.

Der laufende Berg und ein Seitental, in dem man deutsch spricht

Das Valle Lavizzara haben wir nicht gesehen. Dafür sind wir ins Valle Rovana gefahren, bis hinter nach Campo. Man kann die Straße als Triumph Schweizer Bergstreckenführung feiern oder sie als Horrortrip erleben. Wahrscheinlich ist die Entscheidung stark wetterbedingt. Ich bilde mir ein, bei der Talfahrt etwa fünfzig Kehren gezählt zu haben. Nun gibt es freilich in dieser Gegend ein spektakuläres Phänomen, das man, fährt man hinauf oder hinab, recht gut beobachten kann: Für die Touristen eine Sensation, die ihre Neugierde weckt, für die Einheimischen eine Kalamität. Worum geht es, und was ist geschehen? Bedienen wir uns nicht zuletzt der Objektivität halber einer offiziellen Verlautbarung, die Elio Genazzi verfaßt hat.

Die Hauptgründe für die Erdrutsche im Rovanatal sind darin zu suchen, daß von oben Wasser in den Untergrund dringt und unten der Fluß die nachrutschenden Erdmassen wegspült. Das ganze in Bewegung geratene Erdreich befindet sich zudem auf einer abfallenden Felsformation, die das Abrutschen zusätzlich begünstigt. Heute ist der Erdrutsch von Campo etwa 100 bis 120 Meter tief und reicht von Monti Pianelli westlich von Cimalmotto bis zum Weiler Sécàde bei Piano di Campo, das heißt, er hat eine Front von zwei Kilometern Länge. Eine Masse von 150 Millionen Kubikmeter ist in Bewegung geraten. Der Rutsch bei Cerentino ist zwar kleiner (die Front ist etwa 300 m lang und etwa 40 m hoch), gibt aber zu nicht weniger Sorgen Anlaß, denn wenn die Ursachen dafür ähnlich sind, so muß doch berücksichtigt werden, daß der Felsen, auf dem die Erdmassen abrutschen, wesentlich steiler ist und diese jederzeit ohne Vorwarnung losbrechen und so zu einer Katastrophe führen können.
Die Gegend vom Campo/Cimalmotto ist schon seit etwa tausend Jahren bewohnt. Die Gemeinde vom Campo zählte einmal mehr als tausend Einwohner, so daß hier Menschen sehr intensiv gewirkt haben. Ganz früher war von Erdrutschen nie die Rede; erst in der ersten Hälfte des vergangenen Jahrhunderts, nach den Unwettern von 1834 und 1839, bemerkte man die ersten Anzeichen. Mit dem Flößen von Holz bei künstlicher Wasseraufstauung wurde 1851 begonnen. Bereits 1859 wurde es wieder verboten, denn es wurde dafür verantwortlich gemacht, daß der Erdrutsch sich verstärkte. 1870 zerstörte der Erdrutsch eine ganze Häusergruppe (Màter), die von den dreißig Bewohnern endgültig aufgegeben werden mußte.
Ab 1900 verstärkte und schwächte sich die Bewegung der Erdmassen je nach meteorologischer Lage. Sie verschärfte sich während der Jahre 1937–40.

Während dieser Zeitspanne verschob sich die Pfarrkirche von Campo um 160 cm in vertikaler und beinahe um 7 Meter in horizontaler Richtung. Damals gründete man ein Konsortium zur Sanierung der Hochebene von Campo und Cimalmotto, an dem sich 22 Körperschaften beteiligten: die Ortsbürgergemeinde von Campo und alle Gemeinden von Campo bis ins Maggiadelta bei Ascona und Locarno. Das Konsortium hatte die Aufgabe, den Erdrutsch zu untersuchen und Maßnahmen zu treffen, die für den Schutz der Hochebene notwendig waren. Was dann an Kanalisation, Dammbauten und Aufforstungen geschah, hatte zunächst Erfolg. Aber bei den Unwettern 1960, 1978 und 1979 verschlechterte sich die Lage wieder und nun war auch die Gemeinde Cerentino bedroht. Eine weitere Verschlechterung trat 1987 ein. Allein in diesem Jahr hatte sich die Pfarrkirche um 26 cm abgesenkt und sich seitlich um einen Meter verschoben. In einem Zeitraum von etwas weniger als einem Jahrhundert hat sich damit das Hochtal von Campo in einem Maß bewegt, daß man sich fragt, wie es möglich ist, daß überhaupt noch Häuser stehen.
Die Rufe nach einer Sanierung des Rutschgebietes wurden in Campo, Cimalmotto und Cerentino immer lauter. Geplant ist, die Rovana durch einen 1500 m langen Stollen zu führen, so daß der Fluß nicht mehr ständig den Fuß des Erdrutschs wegspülen kann.

Prekär bleibt die Lage weiterhin, wenn nun auch ein sehr genaues Überwachungssystem der Erdbewegungen eingerichtet worden ist, und man für den Katastrophenfall eine rasche Evakuierung der Bevölkerung vorbereitet hat.
Die Gegend bleibt ein Exempel dafür, daß auch in unseren Tagen der Mensch noch nicht unbedingt in der Lage ist, die Naturkräfte zu beherrschen.
Ein kulturhistorisch besonders interessantes Seitental des Valle Rovana ist die deutsche Sprachinsel im Tessin, das Bosco-Gurin-Tal. Es ist die höchstgelegene Siedlung des gesamten Tessins. In dem ungewohnt grellen Höhenlicht erkennt man auf den ersten Blick, daß die Häuser des Dorfes einen ganz anderen Baustil aufweisen als im übrigen Tal. Sie scheinen hinüber ins Wallis zu gehören. Auf einer Hauswand entdeckt man eine Inschrift in einem merkwürdigen deutschen Dialekt:

D'Näschtschi –
Chlys, aber groasas gnüag,
wänn mu anandra lipa tüat.

Das ist alemannisch. Ja, die Guriner sind Walser, die, von Not und Hunger getrieben, im 13. Jahrhundert über unwegsame Pässe vorstießen und sich in dieser Bergeinsamkeit niederließen. Es war der Adel aus der Lombardei und aus Locarno, der die Walser zunächst aufforderte, die Alpen im oberen Walsertal zu bewirtschaften. 1253 war Bosco Gurin dann schon eine unabhängige Gemeinde mit einem eigenen Konsul. Im Walserdeutsch heißt der Teufel „*Tüfil*", junge Frauen sind „*d'Wybar*", die alten aber „*altu Wiptschi*", die Großmutter heißt „*d'Ahne*" und „*Chryz*" ist das Kreuz. Zahlreiche Worte aus dem Italienischen sind in den Gurinerdialekt eingedeutscht worden.
Die Häuser sind aus Stein und Holz, das zur Hälfte in den Berg gebaute Erdgeschoß ist gemauert, die weiteren Stockwerke sind aus dunklem Lärchenholz und die kleinen Fenster weiß eingerahmt. Wo der ganze Bau gemauert ist, sind die schneeweißen Fassaden oft mit Heiligenfiguren, Tieren und gotischen Inschriften versehen.
Normalerweise herrscht im Dorf, das auf 1506 Meter Höhe liegt, sieben Monate Winter, und es gibt Häuser, die drei Monate kein Sonnenstrahl berührt. Die Einheimischen atmen auf, wenn die Sonne endlich über jenen spitzen Berg emportsteigt, der den deutschen Namen „Sonnenhorn" trägt.

Im Tal der grünen Wasser: Aus dem Verzascatal bis nach Frankreich und nach Australien

Wechseln wir vom Maggiatal hinüber ins Tal der Verzasca, so geraten wir in eine Gegend, die sich womöglich noch wilder, dunkler, rauher darbietet. Die Verzasca ist im oberen Tal ein ungestümer, steinsägender Fluß. Im unteren Tal bildet bei Vogorno seit 1965 der Stausee mit seiner 220 Meter hohen Betonmauer den Lago di Vogorno. Bei niedrigem Wasserstand werden in dem 200 Meter tiefen Bekken manchmal noch Feldterrassen und Häuserreste sichtbar. Das Tal wurde erst im 13. Jahrhundert besiedelt. Kaum anderswo im Tessin war das Leben so hart wie hier. Viele Familien führten ein Wanderdasein über drei Stationen: Stammdorf, Tiefland und Alp. Wer etwas wohlhabender war, besaß auch noch Äcker in der Magadinoebene und baute dort Wein und Gemüse an. Unter Denkmalschutz steht heute das Dorf Corippo, dessen Natursteinhäuser wie an den Steilhang geklebt wirken. Ich kann an das Verzascatal, in dem wir immer bis ganz nach hinten, nach Sonogno, fuhren, um Wolle zu kaufen, nicht denken, ohne mich an ein Buch zu erinnern, das ich als beste Einführung in das Leben des Tessins empfehle. Jene anscheinend unausrottbare Klischeevorstellung der Fremden vom leichten, heiteren Leben im Tessin, die sich ja bei einem nur kurzen Besuch häufig auch noch bestätigt: mit diesem Bericht über mehrere Generationen einer Tessiner Familie aus dem Verzascatal wird es nicht nur aufgehoben, es kommt nun ein ganz anderes Bild des Tessins zum Vorschein, ein dramatisch-tragisches, das einer Natur, der Menschen auf die Dauer nicht gewachsen sind, durch deren Leidensdruck sie seelische Verletzungen davontragen, nicht zuletzt dadurch, daß sie in fernste Fernen ziehen. Die Rede ist von Piero Bianconis „*Der Stammbaum – Chronik einer Tessiner Familie*".[1]
Das Wunderbare dieses Berichts beruht nicht zuletzt auf dem niemals wehleidigen, von lateinischer Klarheit durchdrungenen Stil.
Bianconis Vorfahren kommen aus dem Weiler Benitti aus Mergoscia. Anhand der Chroniken und erhaltenen Kor-

1 Piero Bianconi, Der Stammbaum – Chronik einer Tessiner Familie. Aus dem Italienischen von Hannelise Hinderberger. Mit einem Nachwort von Alice Vollenweider, Suhrkamp Verlag 1990

respondenzen aus dieser Familie bekommt man eine Vorstellung, was „Auswanderung“, Emigration, im Tessin tatsächlich bedeutete. In dieser Familie beginnt das mit einem gewissen Francesco Rusconi, der 1777 in Cambrai in Frankreich als Glaser arbeitete und der heim ins Tessin schreibt:

Der ganze Kummer, den ich hier habe, kommt daher, daß wir kein Französisch verstehen. Es ist, als seien wir mitten unter (zwei unleserliche Worte), wenn man Grillen zirpen hört, da schaut zu, ob ihr versteht, was es heißt. Es ist eben französisch …

Rührend sind diese Briefe in ihrer naiven Zärtlichkeit: „Ich höre auf zu schreiben, aber ich höre nicht auf, euch lieb zu haben.“ Und wie es um die Lebensumstände, die Freuden und Sorgen jener frühen Gastarbeiter und ihrer daheimgebliebenen Frauen stand, spricht nur zu deutlich aus diesen Zeilen vom Janaur 1772, die die Frau des Francesco Rusconi an ihren fernen Ehemann richtete:

Jesus, Joseph und Maria helft mir beim Schreiben dieses Briefes und auch dem, der ihn lesen wird oder vorlesen hört. Dann fährt sie fort: *Mein liebster, von mir sehr geliebter Mann. Mir geht es Gott sei Dank gut. Ich grüße Euch und Euren Bruder. Ich habe am 26. des Christmonats eine Tochter geboren. Sie ist drei Tage lang am Leben geblieben und ist dann ins Paradies gegangen, zu meinem Leidwesen, denn sie war sehr schön, aber ich bins zufrieden, daß sie ins Paradies ging.*

Sechs Jahre später arbeitete der Glaser immer noch in Cambrai und erhielt vom Pfarrer aus Minusio den folgenden Brief:

Von Eurer guten Frau Maria Angela habe ich den Auftrag bekommen, Euch wissen zu lassen, daß am 7. dieses Monats Euer Sohn Battistino und Eure Schwägerin Maria von einem akuten Fieber befallen wurden. Der kleine Knabe überstand es gut. Aber die Schwägerin hörte am 15. des obgenannten Monats, versehen mit den üblichen Sterbesakramenten unserer heiligen Kirche, auf zu leben und bezahlte dem Tod ihren Tribut … angesichts dieses Unheils wurde Eure Gattin Maria Angela von einem so lebhaften und jähen Schmerz gepackt, daß sie, wie wir stark befürchteten, innert weniger Stunden beinah erstickt wäre. Man hatte ihr schon die heilige Wegzehrung gebracht. Als wir ihr dann aber zu verstehen gaben, wir seien nur für den Himmel geschaffen worden und nicht für diese Welt … und als wir ihr, sage ich, diese und andere nützliche Wahrheiten eingetrichtert hatten, erholte sie sich etwas. Sie fing sich wieder auf, so daß sie sich jetzt langsam wieder in gutem Zustand befindet. Nichtsdestoweniger sieht sich die gute Frau sozusagen allein, ohne einen Menschen, dem sie wahrhaft vertrauen könnte und der sie richtig zu trösten vermöchte. Ich befürchte deshalb, daß sie unter diesen Umständen viel leidet und sich kümmerlich durchschlägt. Deshalb rate ich Euch, lieber Sohn in Christo, Eure Rückkehr in die Heimat so rasch wie möglich zu beschleunigen. Dies ist auch der Wunsch Eurer geliebten Gefährtin, welche sagt, sie habe keine andere Hoffnung und keinen Trost mehr auf dieser Welt als Euch.

Und Francesco Rusconi, der im Paß, damit die Franzosen es leichter haben, seinen Namen auszusprechen, „François Ruschon“ genannt wird, kommt heim.

In den dreißiger Jahren des 19. Jahrhunderts befällt den Ort nach dortigen Goldfunden das Australienfieber. Das heißt, der ferne Kontinent lockt gleich scharenweise junge Leute an. Man weiß das aus dem sogenannten Rekrutenregister, wo die Absetzbewegung der Wehrunwilligen verzeichnet ist. Weitere Auskünfte findet man beispielsweise auf einem Gedenkstein an der Kirchenfassade, wo man über einen gewissen Battista Papina liest: „Er verstand es, sich in Australien ein nicht geringes Vermögen zu verschaffen.“ Aus Australien zurückgekehrt – man glaubt es kaum – ist Papina gleich wieder nach Kalifornien ausgewandert, wo er dann 1869 starb.

Das Schicksal solcher Glückskinder verleitete Battista Rusconi, den Sohn des Gottardo, ähnliches zu versuchen. Im September 1854 brach er auf. Die Reise ging zunächst nach Liverpool, wo sich ein Landsmann, aus Mergoscia stammend, seiner annahm. Dieser Lodovico Pedroni wurde mit merkwürdigen Geschäften reich. Er kaufte für ein paar Pfund verschwundene Schiffe auf. Wenn sie verschwunden blieben, hatte man Pech gehabt, tauchten sie wieder auf, kam man zu großem Geld. Dieser Pedroni war offenbar in dieser Schiffslotterie recht erfolgreich, denn 1857 baute er sich in einem Vorort von Locarno ein hochherrschaftliches Haus und nannte es Villa Liverpool.

Von England nach Australien waren es damals bei Umschiffung des Kaps der Guten Hoffnung drei Monate. In Australien angekommen, betätigte sich Battista zusammen mit Landsleuten aus Mergoscia und Mondacce bei Minusio in 60 Ellen Tiefe als Goldschürfer. Heim schrieb er: „Es ist immer heiß im Sommer und im Winter, und immer weht der Wind. Das Gold wird zu 85 Franken die Unze verkauft.“ Es heißt in den Briefen an den Bruder auch: „Bete für mich, denn diese Bergwerke sind nicht viel wert. Man hofft auf ein kleines Vermögen, doch das Gold ist unter der Erde und niemand weiß, wo es sich findet.“

Die daheim werden kurz gehalten: „Gegenwärtig könnte ich Euch von dem wenigen, was ich habe, ein wenig mehr Geld schicken, aber ich glaube nicht, daß Ihr im Elend seid. Und dann muß man auch an die Zukunft denken, die gut oder schlecht werden kann.“ Hin und wieder bietet der Tessiner in der Fremde den Verwandten daheim auch eine Kostprobe seiner Englischkenntnisse: „God bai broder en moder en sister al god bai.“ Am Abend vor Weihnachten 1858 schreibt der schuftende Goldgräber heim:

„Das Glück hat mir nicht gelacht. Aber nur immer Mut!“

Schließlich wird dem Bruder Giacomo im Verzascatal das Schreiben Vincenzo Perinis, eines Arbeitskameraden Battistas, ausgehändigt:

In meiner größten und tiefsten Niedergeschlagenheit (der sich meine Gefährten anschließen), berichte ich Euch vom schmerzlichen und plötzlichen Tod Eures lieben Bruders (und Sohnes) Rusconi Battista, genannt Cino. Zu unserer und Eurer großen Trostlosigkeit und Melancholie ist er am 27. Juni um zehn Uhr vormittags gestorben. Wir Gefährten befanden uns alle fünf im Stollen bei der Arbeit. Plötzlich fiel ein großes Stück Erde, ungefähr drei Ellen im Quadrat, herab, und der arme Unglückliche ging in ein besseres Leben hinüber. Im Nu war er tot. Er konnte nicht einmal Jesus Maria sagen. (…)

Man sollte meinen, eine solche Karriere hätte abschrekkend gewirkt. Battista Rusconi war 27 Jahre alt geworden. Sein Bruder Giacomo heiratete 1859 eine gewisse Mariaangela Perini. Fünf Kinder wurden ihnen geboren. Die alte Mutter lebte noch. Die neue Fata morgana hieß Kalifornien.

Barbarossa in Kalifornien oder die Erlebnisse eines Gastarbeiters im 19. Jahrhundert

Zwischen 1867 und 1874 geht der Mann, der nach seinem roten Haupthaar und Bart Babarossa gerufen wird, nach Amerika – und zwar nach Placerville nordöstlich von San Francisco am Rande der Sierra Nevada. Das Schicksal dieser „Emigranten“ (für uns verständlicher wäre „Gastarbeiter“) – es handelt sich um den Großvater Piero Bianconis – ist besonders ergreifend. Er ist ein ziemlich unbeweglicher Mensch. Wenn die Sägemühle, bei der er arbeitet, stillsteht, ist er (wohl auch, weil er kaum Englisch spricht) nicht in der Lage, andere Arbeit zu suchen. Zum ersten Mal schickt er zu Weihnachten 1868 Geld heim. In seinen Briefen wird genau unterschieden zwischen „Notwendigem“ und „Geschenken“.

160 Franken für die Erfordernisse im Haus. Euch, Mutter, 5 Franken. Euch, Frau, 5 Franken. Meinen Kindern jedem 4 Franken, das macht zwanzig Franken. Ihr, o Frau, werdet dafür sorgen, daß sie Kleider bekommen.

Daheim sind soweit alle gesund. Nur die Tochter hat das in den Sümpfen und Morasten der Magadinoebene ausgebrütete Fieber befallen, also Malaria.
Und was die Trennung bedeutet, sagen solche Sätze der Frau aus dem Februar 1868:

Wir haben auch ein Kalb verkauft und 32 Franken dafür gekriegt …
Es ist jetzt acht Monate her, seit Ihr abgereist seid, und es scheint uns, als wären es acht Jahre.

Wiederholt bittet der Vater um eine Photographie seiner Familie, und als er sie 1872 erhält, heißt es, er „betrachte ihre lieben Gesichter mit Wohlwollen“. Im Dankesbrief wird das Bild genau beschrieben. Der Brief endet mit dem Satz: „Und Ihr, Mutter, seht sehr alt aus; aber ich rate Euch: seid fröhlich und eßt und trinkt!“
Von daheim erkundigen sie sich, ob er auch ein guter Christ geblieben sei. Der Pfarrer predige immer von der Kanzel, „diejenigen, die nach Kalifornien gingen, und besonders die Frauen, verlören ihre Seele. Aber wir glauben, ihr vergeßt Gott nicht, auch wenn Ihr in einem fremden Land lebt, die Heiligen sind auch in der Wüste“. Nun wird aus Amerika eine Salve wider die Pfaffen über den großen Teich gedonnert:

Der Pfarrer predigt, diejenigen, welche nach Kalifornien gingen, verlören ihre Seele. Das könnte sehr wohl der Fall sein. Aber sie machen es nicht wie die Priester. Die Priester verzehren den Schweiß der Armen. Diejenigen aber, die nach Amerika gehen, die müssen sich ihr Brot mit dem Schweiß ihrer Stirn verdienen, und manchmal haben sie nicht einmal Zeit, sich den Schweiß vom Gesicht zu wischen. Wenn aber die Priester in die Kirche gehen, dann gehen sie in ihren eigenen Laden.

Von zu Hause kommen Briefe mit Klagen über die immer mehr steigenden Preise. „Wenn man sich etwas von Locarno heraufbringen lassen will, muß man 60 und 70 Rappen Botenlohn bezahlen.“ Der Taglohn eines Mannes beträgt mit Spesen im Tal 1 Franken 20 und 7 Franken und 13 Rappen haben sie Steuern zahlen müssen. Barbarossa erwägt, die Familie nachkommen zu lassen. Von daheim melden sie, die Ernte sei so mager gewesen, „daß die Lebensmittel alle für teueres Geld von Locarno heraufgebracht werden müssen“. Und „in unserm Kanton bauen sie jetzt eine Eisenbahn, die soll auch nach Locarno führen. Und in Locarno bauen sie ein sehr großes Hotel“. Dennoch – nach Kalifornien wollen sie nicht:

Wir glauben gern, daß es in Kalifornien schöner zu leben sei als hier, und daß man dort nicht dieses traurige Dasein führt, wie wir hier. Aber wir möchten hier bleiben. Hier sind wir an unsere Arbeit gewöhnt.

Dann, 1874, entschließt sich Barbarossa nach sieben Jahren zur Heimkehr, gewiß von beiden Seiten immer wieder ersehnt und mit großen Erwartungen belastet: ein *happy end*, das in der Wirklichkeit zu einem Ende mit Schrecken wurde. So liest man es zwischen den Zeilen aus dem Brief des Sohnes, wieder ein Battista, heraus, der zu diesem Zeitpunkt auch schon sieben Jahre in Amerika schuftet.

Ihr seid im Monat August nach Hause gekommen. Ihr seid mit den Euren zwei oder drei Wochen lang nett gewesen. Dann aber seid Ihr mit Eurer Familie umgesprungen wie der barbarischste Mensch der Welt. Wochen verstrichen, ohne daß Ihr mit Eurer Familie ein Wort gesprochen habt. Es war, als seien wir alle die größten Feinde, die Ihr auf der Welt hättet. Und wenn wir Euch um etwas baten, bekamen wir Antworten, wie ein Vater sie den Seinen nicht geben soll …

Dieser Sohn, der Großonkel des Autors Piero Bianconi, ist dann übrigens nicht mehr ins Tessin zurückgekehrt. Vielleicht fällt unser Urteil über seinen Vater Barbarossa gemäßigter aus als das des rächenden Sohnes. Vielleicht verstehen wir besser die Entfremdung, der beide Seiten ausgesetzt waren und die sie nicht überwinden konnten.
Ein wunderbares, reiches Buch ist „*Der Stammbaum*“, vor allem auch in jenen Passagen, in denen Piero Bianconi von seiner eigenen Kindheit erzählt. Es ins Reisegepäck zu stecken, wenn man in eines der wilden Täler des Tessins fährt, wäre mein Vorschlag!

Wer möchte da nicht groß einkaufen? Im Tessin hat man sich das italienische Geschick, eine Ware durch Überfluß verlockend zu präsentieren, zu eigen gemacht.

Locarno: Spaziergänger am See. Die hier durch den Herbsttag schlendern sind gerade dabei, das Glück des süßen Nichtstuns zu entdecken.

Vielleicht verkauft sie ja nie etwas, aber es ist so angenehm, unbeschwert zu plaudern und die von der Steinwand abgegebene Wärme im Rücken zu spüren.

In Muggio im Mendrisiotto modelliert Ghitta Fluck phantasievolle Puppen für Sammler und Theater in aller Welt. Die surrealen Gestalten spiegeln die magische Komponente des Tessins, von der sich Künstler der verschiedenen Genres angezogen fühlen.

Ein Sonntagsmaler versucht sich an einem Aquarell der berühmten, selten sonst so menschenleeren Uferpromenade von Ascona.

Den Stelen und Figuren des Bildhauers Giorgio Scarmi – hier vor seiner Werkstatt in Brione, Verzascatal, – sieht man an, wie stark die Menschen dieses Tales die Macht und Magie des Steins verinnerlicht haben.

Kelten, Gallier, Römer, Germanen und Lombarden sind im Laufe der Jahrhunderte durch's Tessin gezogen und haben in den Gesichtern der heutigen Bevölkerung ihre Widerspiegelungen hinterlassen.

Dem Chor aus der Oper „Cavalleria rusticana“ oder der Besetzung eines neorealistischen Films scheint diese herbe Schöne anzugehören.

Auch hier in Muggio im Mendrisiotto haben Imitations- und Plastikkultur schon Einzug gehalten. Hoffen wir, daß die Weine auf dem Kaminbord von besserer Qualität sind!

Diese Souvenirverkäuferin im hinteren Maggiatal erzählt mit ihrem Gesichtsausdruck und der verlederten Haut ihrer Hände viel über die harten Lebensbedingungen in den entlegeneren Gegenden des Tessins.

Das Holz ist allgegenwärtig. Es gibt die so nötige Wärme …
man kann es neben dem Stein an den Bauten verwenden …
wenn es Holz der Eßkastanie ist, begleitet es das Menschenleben im Tessin unter Umständen von der Wiege bis zur Bahre.

Nicht nur wie hier im Maggiatal stellen die Verkehrswege zu und von den Almen im Tessin ein großes Problem dar. Dieser Bergbauer löst es mit einer Yamaha aus Japan.

Eine Tessiner Ikone: das Haus ganz und gar aus Stein gefügt, die Wiese im Umkreis, dahinter gleich wieder der steile Hang, grau-schwarze Felsblöcke, Grün in vielen Schattierungen.

Ein typischer Dorfladen, hier in Vergeletto im Val Onsernone. Die Konserven und die Pastasoße aus dem Beutel sind auf dem Vormarsch.
Die Krämersfrau nimmt's mit spöttischem Gleichmut.

Das Tal der hundert Täler: Centovalli – Terre di Pedemonte, Onsernone und das Tal, in dem Herr Geiser lebte

Zunächst die Kulisse: *Centovalli* heißt „hundert Täler“. Tatsächlich handelt es sich um das Tal des Hauptflusses Melezza, in den an die vierzig Wildbäche aus Seitentälern münden.

Durch das Tal, über 79 Brücken und durch 24 Tunnels, zieht sich seit 1923 die Centovallibahn, die Locarno mit Domodossola und damit den Gotthard mit dem Simplon verbindet.

Den unteren Teil des Tales, das *Pedemonte* mit den Dörfern Tegna, Verscio und Cavigliano, hat man das Paradiesgärtlein des Tessins genannt. Hier gibt es Weingärten, Feigen, Obst und Gemüsefelder. Hier findet man auf dem nach Süden gewandten Talboden Rosen, Flieder und Jasmin. Bei Intragna, das auf einer Art Halbinsel liegt, teilt sich das Tal. Der Hauptarm strebt über Palagnedra, mit dem in der Gemeinde Borgnone gelegenen Stausee, der schweizerisch-italienischen Grenze zu. Durch ihn kommt die Melezza herab, ihm folgt die Eisenbahn. Etwas talabwärts von Palagnedra aus gesehen, schwingt sich von der Station Verdasio eine Luftseilbahn über den Fluß hinauf zu dem auf 1 000 Meter gelegenen Rasa.

Das Nebental, das Onsernonetal, durch das der Isorno herabkommt, ist gewissermaßen eine Einbahnstraße, die bei Spruga kurz vor der Grenze endet. In Bergfahrten ungeübte Automobilisten sollten sich bei Erkundungsfahrten in diese einsame Gegend der hundert Kurven und Kehren am besten dem Postauto anvertrauen. Als besondere Dreingabe, daß man so ungestört die phantastische Aussicht bewundern und die Fahrkünste des Chauffeurs bestaunen kann, wird man ab und zu vielleicht auch das melodische Dreiklangsignal zu hören bekommen.

Nun aber, nach dieser geographischen Faustskizze, zurück an den Anfang, nach Tegna. Das Problem ist, wie in fast allen Tälern des Tessins, die Talenge, durch die die Straße mit dem Durchgangsverkehr und die Bahnlinie geführt werden müssen. So mußten die Häuser an die Hänge hin ausweichen. In Tegna ist das Tal noch breit. Baugrund unserer Zeit war die schnell gefüllte, nach Südosten hin ausgerichtete Flußterrasse. Ehemals Bauernland mit teilweise subtropischer Vegetation, hat sich dieser neue Teil rasch mit mehr oder minder einander ähnlichen Bungalows gefüllt. Patricia Highsmith hat in Tegna gelebt und ist dort auch gestorben, ein Fakt, der mir für die Eigenart und das Sein des Dorfes nicht ganz unwesentlich scheint. Seine Atmosphäre, bestimmt von subtropischer Vegetation, Traditionsresten und dem Gebaren des Schweizer und ausländischen Geldadels, der sich hier eingekauft hat, dürfte für die Entstehung von „Ripley-Phantasien“ förderlich gewesen sein. In Tegna gibt es noch einen recht malerischen Dorfplatz mit dem *Ristorante alla Cantina* in einem Haus aus dem 17. Jahrhundert, aber um den Charme und das traditionelle Gesicht des Dorfes kennenzulernen, müßte man durch die engen Gäßchen auf der anderen Straßenseite aufwärts steigen. Hin und wieder gibt es da noch kleine Weinberge, Feigenbäume, Terrassen, auf denen früher einmal Weinstöcke standen. Sogar Palmen gedeihen an diesem Hang.

Hoch über den grauschwarzen Häusern, deren Steine nach Regen zu glänzen und zu blitzen beginnen, stößt man auf Bauten, die auf eine geradezu verrückte Weise ineinander verschoben und dann doch auch wieder gegeneinander abgegrenzt sind. Über allem thront weithin sichtbar die Kapelle *Madonna Scalate*. Überquert man hinter ihr die Höhe des Berges (mit einem großartigen Ausblick auf Locarno und die Maggiamündung), so gelangt man nach mehrstündiger Wanderung durch ein Gebiet von Almweiden und Bergwäldern hinüber ins Maggiatal. Die Höhe jenes Felsklotzes aber, der sich direkt über dem Dorf auftürmt, ist historisch interessant. Dort oben, so heißt es im Dorf, spuke es. Gehalten hat sich die folgende Ortssage:

Die einäugige Fee vom Monte Castello

Giovanni, ein junger Hirte aus Avegno im Maggiatal, war spät noch unterwegs. Es dunkelte bereits, aber er hatte die Paßhöhe zwischen Avegno und Tegna noch nicht erreicht. Nebel kam auf; Giovanni tastete sich mühsam vorwärts. Plötzlich war der dünne Pfad zu seinen Füßen verschwunden, und er rutschte im glitschig-feuchten Heidekraut aus. Giovanni bekam es mit der Angst zu tun, denn der Berg fiel hier zu allen Seiten fast senkrecht in die Tiefe. Schon mancher, der sich hierher verirrt hatte, war in den Abgrund gestürzt.
Plötzlich erstarrte Giovanni jäh vor Entsetzen. Ihn hielt etwas fest. Doch den schreckensstarren Hirten beruhigte eine freundliche Stimme: „Fürchte dich nicht, Giovanni", hörte er, „sondern komm mit, sonst bist du des Todes." Die da gesprochen hatte, war eine Frau, und sie führte den Jungen unter einen Baum, unter dem eine kräftige Quelle sprudelte. Dort gab sie dem erschöpften Hirten zu trinken. Als Giovanni versuchte, der Frau ins Gesicht zu schauen, zuckte er aufs neue zusammen. Sie lächelte ihn zwar freundlich an, doch hatte sie nur ein Auge mitten auf der Stirn! Nach einer kurzen Rast geleitete ihn die schrecklich-schöne Unbekannte durchs nasse Gras zu einer kleinen verlassenen Ansiedlung. Und plötzlich löste sich der Nebel auf. Giovanni sah das Pedemonte, Tegna und die Melezza und erkannte nun wieder den Pfad im Mondlicht. Als er sich umdrehte, war die Einäugige verschwunden.
Angeregt von den Mauerresten, die sich auf dem Felsen fanden, hatten 1938 zwei junge Lehrer aus dem Locarnese mit archäologischen Grabungen begonnen und waren auf Terrakotta- und Glasscherben sowie auf Bronzefragmente gestoßen. Der Tessiner Archäologe Aldo Crivelli ordnete sie den Römern zu, die im 2. Jahrhundert v. Chr. begonnen hatten, das Tessin zu erobern. Von der Vermutung, es könne sich um die Ruinen eines römischen Kastells handeln, bekam der Fels seinen Namen: *Monte Castello*.
Versuche, den Berg archäologisch genauer zu durchforschen, kamen zunächst in den vierziger Jahren über Anfänge nicht hinaus.
Rätsel gaben dabei ungewöhnliche Kreuz- und Querbalken auf, die in einem Wehrbau keinen rechten Sinn ergaben. Das Merkwürdigste jedoch war der quadratische Mittelteil. Er stand auf einem quadratischen Unterbau, der durch drei aneinandergestellte Bögen in zwei Räume geteilt wurde. Diese Trennmauer war aus Tuffstein, einem Material, das in dieser Region gar nicht vorkommt. Im Verhältnis zu den räumlich beengten Verhältnissen einer Bergkuppe war der Unterbau ungewöhnlich imposant.
Vermutungen liefen auf ein Wasserreservoir hinaus. Dagegen aber sprach, daß sich in unmittelbarer Nähe des Gebäudes ein sich glockenförmig nach unten weitender Brunnen befindet, der trotz der Höhe des Berges auch im trockensten Hochsommer mit Wasser gefüllt ist.
Der bekannte Mythenforscher Karl Kerenyi, mit der Region durch seine Besuche auf den Eranos-Tagungen in Ascona verbunden, wies dann nach, daß es von dem *Castello* von Tegna historisch begründbare Verbindungen und Parallelen zu einem Heiligtum des griechischen Orakelgottes Trophonion in der Nähe der böotischen Stadt Lebadeia gibt. Das dortige Heiligtum liegt ganz ähnlich wie in Tegna oberhalb eines reißenden Flusses und weist fast dieselbe Bauweise auf.
Der nächste Erklärungsansatz kam von Edgardo Bieri, einem Naturarzt und Religionswissenschaftler aus Ascona. Ausgehend von der in ost-westlicher Richtung ausgelegten Grundstruktur des Gebäudes, die einem kraftzentrierenden Zeichen, der keltischen Hagalrune, nachgebildet ist, kam er zu der Vermutung, es könne sich um eine Anlage zu Ehren des Sonnengottes Mithras handeln. Der Mithraskult war im 3. Jahrhundert n. Chr. eine der wichtigen Religionen im römischen Reich. Bieri stellte bauliche Vergleiche mit Mithrasheiligtümern in anderen Ländern an und vermutete, in den Kellergewölben hätte ein Einweihungsritual stattgefunden.
Wieder in eine andere Richtung deuten die Funde des Don Robertini, Priester aus Verscio. Er entdeckte auf dem Gelände des Monte Castello Schalensteine und andere Kultgegenstände eindeutig keltischer Herkunft. Analysiert man die sich um die *Fontana delle fate* rankenden folkloristischen Überlieferungen, so hat die Vermutung keltischer Ursprünge die größte Wahrscheinlichkeit für sich. Die Quelle, zu der allerdings nur geübte Bergwanderer vordringen können, heißt im Volksmund die Feenquelle.
Das Verschwinden der dort ansässigen Feen verschuldete, wie eine andere Ortssage erzählt, angeblich Menusino, ein neugieriger Bauer aus Tegna. Ihn hatten die einäugigen Feen regelmäßig besucht. Sie kamen, fragten freundlich, ob sie einen hölzernen Getreidescheffel ausleihen dürften und gingen wieder. Seinen Scheffel fand der Bauer jeweils am anderen Tag wohlversorgt im Stall wieder. Eines Tages packte ihn die Neugier. Er bestrich den Boden des Scheffels mit Pech, um zu sehen, was die Feen denn damit zu messen hätten. Überrascht stellte er fest, daß auf dem Pech nicht Roggen oder Weizen, sondern

Goldstücke klebten. Die Feen aber fühlten sich durch das Nachspionieren des Bauern verletzt und wurden seit diesem Tag in Tegna nicht mehr gesehen. Soweit die örtliche Überlieferung. Als ich sie bei meinem letzten Besuch erfuhr, erstaunte sie mich nicht. Ich betrachte die Ruinenreste auf dem Berg unbedingt als ein keltisches Quellheiligtum, das, wie dies bei den kontinentalen Kelten häufig der Fall war, weiblichen Gottheiten geweiht gewesen sein dürfte, woraus sich die Feenüberlieferung entwickelt haben könnte. Interessant ist es, der Frage nachzugehen, warum die in den Ortssagen erwähnten Feen immer als einäugig dargestellt werden. Offenbar handelt es sich bei dem einen Auge gar nicht um ein solches, sondern um jene auf der Stirnmitte liegende Chakra, die eben die weibliche Gestalt als ein Wesen aus einer anderen Welt ausweist.

Ein Tessiner Odysseus: Das abenteuerliche Leben des Leo Maillet. Erster Gesang: Als Schüler bei Max Beckmann und Reisen im Tessin

Wenn ich den Ortsnamen Verscio – die Nachbargemeinde von Tegna im Centovalli – höre, denke ich an den Maler Leo Maillet. Sein Schicksal ist so abenteuerlich, daß man einen Roman darüber schreiben könnte. Es ist mit der Thematik seiner Gemälde durchaus verbunden, oder, anders ausgedrückt: diese Bilder sind in Anlaß und Thematik häufig stark autobiographisch geprägt, sie verweisen einmal mehr auf die besondere Anziehungskraft, die das Tessin auf Künstler ausgeübt hat. Zudem: Tessiner Motive, nicht alle das Centovalli betreffend, sind im Spätwerk Maillets häufig. Die besondere Art und Weise, in der seine Bilder die Tessiner Landschaft verfremden und ihr das moderne Emigrantenschicksal mit einschreiben, wäre von der Kunstkritik noch zu entdecken.

Leopold Mayer wird 1902 als Sohn des jüdischen Kaufmanns Eduard Mayer und seiner Ehefrau Betti, geb. Nathan, in Frankfurt geboren. Der Vater betreibt ein Hutmodengeschäft. Beim Sohn, der sich ab 1942 Leo Maillet nennen wird, sind früh künstlerische Neigungen erkennbar. Es scheint eine alles in allem glückliche und künstlerisch anregende Kindheit gewesen zu sein.

Der Sohn erlernt zunächst den ordentlichen Beruf eines Textilkaufmanns. Auf Reisen mit dem Vater und allein besucht er jedes Museum am Weg, wird schließlich Reisender in Modeentwürfen und bezieht 1925 die Kunstgewerbeschule seiner Heimatstadt, um sich zum Modezeichner ausbilden zu lassen. Bald aber sitzt er bei F. K. Delavilla in der Graphikklasse und lernt Radierung, Aquatinta, Kupferstich, Lithographie und Holzschnitt von der Pike auf. Maillets Souveränität in den Techniken des Graphischen hat er sich dort angeeignet. Schon während seiner Lehrjahre entstehen um die dreißig Radierungen. Zeit seines Lebens wird unter den Radierungen und Holzschnitten das zu finden sein, was ihm am besten gelingt.

1927, 1929 und 1931 reist er in den Süden, ins Tessin und nach Mailand. Er begeistert sich für die ungewöhnliche Perspektive von Mantegnas „*Leichnam Christi*“, den er selbst als „bewegungslos, schmerzlos, in Trauer getaucht, sachlich-veristisch, (wie man damals sagte) ‚gemalt‘“ beschreibt. Spuren dieser Begeisterung durchziehen sein ganzes Werk, lassen sich vor allem in den Selbstportraits erkennen.

1930 geht L.M., wie wir ihn von nun an nennen wollen, um bei seinen zwei Namen Verwirrungen zu vermeiden, ans Städel, wo man eben für Max Beckmann ein eigenes Atelier und eine Meisterklasse eingerichtet hat.

Als der Schüler dem Meister seine auf der Tessinreise entstandenen Bilder zeigt, meint der grinsend: „Ah, Sie waren also auch in der Gegend, in der Carl Hofer seine Biedermeierlandschaften malt.“

Der Meister schlägt dem Schüler einen erstaunlichen Plan vor. L.M. soll für Beckmann Hintergründe in Aquatinta auf die Kupferplatte ätzen, Beckmann will dann mit der kalten Nadel Figuren dazu zeichnen.

Doch dazu kommt es nicht mehr. Bald nach der Machtergreifung der Nazis wird Beckmann entlassen, er geht nach Berlin, 1937 dann nach Holland. L.M. ist wie sein Meister Jude und von nun an ebenfalls bedroht. Der Vater ist 1932 gestorben, die Mutter zur Großmutter nach Gau-Algesheim gezogen. Von dort aus wird sie deportiert und kehrt nie wieder.

Ein Tessiner Odysseus: Zweiter Gesang: Die harten Jahre der Fluchten und des Exils

L.M. bereitet seine Emigration sorgfältig vor. Er läßt sich als Fotograf ausbilden. 1934 geht er nach Ostende, angezogen vom Werk James Ensors, einem der Erzväter der Moderne. Der berühmte Kollege nimmt den jungen Kollegen freundlich auf und verschafft ihm die Möglichkeit auszustellen. Das Doppelsinnige, Groteske, das im Spätwerk L.M.s eine so wichtige Rolle spielt, hat hier seine Wurzeln. Über Luxemburg und die französische Grenzstadt Forbach kommt der als Fotograf seinen Lebensunterhalt verdienende junge Maler nach Paris. Im August 1936 wird ihm von der Reichskammer für Bildende Künste mitgeteilt, er „besitze nicht die erforderliche Eignung und Zuverlässigkeit, an der Förderung der deutschen Kultur in Verantwortung gegenüber Volk und Reich mitzuwirken“. Aus dieser Zeit stammt das als Radierung ausgeführte, faszinierende Doppelporträt von Egon Erwin Kisch und Lion Feuchtwanger und das Katzenbild „*Sauvage*“. Bei Kriegsausbruch interniert und von den Engländern ins Lager gesteckt, gelingt L.M. 1940 die Flucht in die Provence. Doch 1942 wird er als Jude von der Gestapo verhaftet und zuerst in das Konzentrationslager „*Les Milles*“ bei Aix und später in das Lager „*Rivesaltes*“ bei Perpignan gebracht. Der Deportation nach Auschwitz entgeht er am zweiten Tag des Transports durch Sprung aus dem Eisenbahnzug. Über den Fluß Cher rettet er sich in den von den deutschen Truppen zunächst noch nicht besetzten Teil Frankreichs, versteckt sich bei Tarascon und geht nach Einmarsch der Deutschen in die Cevennen. Dort lebt er als Hirte getarnt, erhält einen französischen Paß. Von diesem Zeitpunkt an wird er sich Leo Maillet nennen. Er selbst erzählt:

In einen merkwürdigen Zustand bin ich während meines Hirtendaseins geraten. Es kam über mich, wenn ich mit meiner Herde hoch ins Gebirge zog. Es war ein sich höher schwingendes Lebensgefühl, ein unruhiges, prophetisches Übergefühl, als müßte ich etwas aussagen, ausrufen, auspredigen, eine Überfülle ... von was? Trotz Verfolgung, trotz Versecktsein ...oder gerade deswegen ... wem gegenüber? Wo lag die Ursache dieser Stimmung? Die vibrierende Hitze? Meine Verlorenheit in die verlorene Umwelt? Einsamkeit in üppigster brodelnder Vegetation? In einer Wild-Landschaft, wo das Manna der Maronenbäume eine Offenbarung birgt. Ein autarkes Gebiet, in dem die Gewißheit bestand, daß das Überleben in Notzeit gewährleistet scheint.

Letztlich umschreiben diese Sätze auch das, was den Maler am Tessin anzog.
1943 durchsucht und verwüstet die Gestapo sein Wohn- und Malstudio in Paris. An die hundert Ölbilder und 100 Kupferplatten verschwinden.
1943 entkommt L.M. wahrlich im letzten möglichen Augenblick aus Frankreich in die Schweiz.
Leo Maillets Flucht wäre kaum glücklich geendet ohne die vielfältigen Strukturen des französischen Widerstandes und das relativ dichte Netz der unterschiedlichen, vielfach konfessionellen Hilfsorganisationen.
In der Schweiz wird L.M. mit einer Gruppe italienischer Musiker als Internierter in einem ehemaligen Hotel in Montreux untergebracht.
Nach dem Zweiten Weltkrieg erhält er verschiedene Stipendien, die er zu erneuten Studien nutzt. Er baut sich eine neue Existenz auf.
Im Jahr 1954 lernt er Regina Lippl, die Tochter des Münchner Theaterintendanten und Bühnenschriftstellers, kennen und heiratet sie nach einem arbeitsreichen Sommer am Lago Maggiore. Inzwischen ist der sich schon in kafkaesken Dimensionen bewegende Wiedergutmachungsprozeß, den L.M. in Deutschland angestrengt hat, endlich zu seinen Gunsten entschieden worden. Die ihm zugesprochene Entschädigung für seine von den Nazis zerstörten Werke ermöglicht es ihm, sich in Verscio anzusiedeln. Sein neues Atelierwohnhaus ist ein Musterbeispiel für die gelungene Kombination von Lebens-, Werkstatt- und Ausstellungsräumen. In diesen Jahren entstehen die „*scherzi*“, Materialkollagen, die, trotz der ganz anderen Technik, Erinnerungen an die Begegnung mit Ensor wachrufen. L.M. hat nun zwei Söhne, Daniel, 1956 in Zürich geboren, und Niklaus. Maillet trennt sich auch von seiner zweiten Frau. Es kommt das Alter, und zumindest so etwas wie ein Wetterleuchten von Anerkennung und Ruhm. 1968 erhält er in Molinazzo di Monteggio das Schweizer Bürgerrecht. Martin Walser hält zur Eröffnung der Ausstellung seiner Illustrationen zu Kafkas Texten die Einführung; eine Biographie erscheint, 1989 zeigt das *Museo d'Arte Mendrisio* eine Retrospektive. Am 8. März 1990 stirbt Leo Maillet im Tessin. Was für ein Leben! Eine Odyssee, deren Ithaka das Tessin wurde. Heute bewohnt das schöne Haus in Verscio Daniel Maillet, jener seiner beiden Söhne, der in die Fußstapfen des Vaters getreten ist. In seiner Kunst sucht er die Auseinandersetzung mit der Problematik der Dritten Welt und der wieder aufkommenden Gefahr des Rassismus.
Ohne Leo Maillet, diesen kleinen, quicklebendigen Mann gekannt zu haben, wäre mein Bild vom Tessin ärmer. Gewiß ist sein Werk nicht das eines der Ganzgroßen, Überragenden. Was aber daran anrührt, was erschüttert, wann immer man sich damit befaßt, ist die Zeitzeugenschaft, die es enthält, die künstlerische Dokumentation eines Lebens im Zeitalter der Flucht als Existenzform des Menschen. Ein Künstler *on the run* malt diese Zeit, gräbt die Ängste, Schrecken und Grotesken, als die sie sich uns darbietet, in Kupfer, schneidet sie in Holz. Daneben gibt es Ölbilder, in denen man viel darüber ablesen kann, was das Tessin Maillet bedeutete, das er eben auch nicht nur als Paradies wahrnahm. Ein Ölbild wie „*Mondaufgang mit Trauben*“ wäre beispielsweise ein solches Werk. Und indem ich eine Vorliebe für Bellinzona entdeckte, ging mir nie Leo Maillets 1973 entstandende Ölbild aus dem Sinn, das die wichtigsten Dinge des Ortes und ihre Magie – Bahnhof, Burg, Berge – expressionistisch auf den Punkt bringt.
Von der merkwürdigen Verbindung des Malers Leo Maillet zum Clown Dimitri und dem Tessiner Dorf schreibt Bertold Hack, einer der Biographen Maillets, treffend dies:

Die eigentliche Heimat L. M.s heißt Verscio, wo er als „pittore Leo“ jedermann bekannt ist. Dieses Tessiner Dorf ist seit mehr als 25 Jahren die Herberge: physisch, geistig, künstlerisch, ist Lebensraum, der Bewegung und Ruhe, Nähe und Distanz in der notwendigen abgewogenen Mischung bietet. Aus dem steinigen Bachbett ist ein paradiesischer, mit Bedacht gepflegter Garten geworden – auch dies ist ein Maillet'sches Symbolon. Verscio beherbergt zwei Künstler von Rang, den Maler und Radierer Leo Maillet und den Artisten und Clown Dimitri, der ein Menschenalter jünger ist als Maillet.

"Sei lustig, und tue was du willst": der Clown Dimitri und sein Theater

Also Dimitri! „Minimale Mittel, maximales Können“, textete der „Tages-Anzeiger“ anläßlich seines 60. Geburtstages im September 1995. Wir gingen in diesem Herbst wieder einmal in sein Theater und sahen nicht ihn, sondern einen Artisten, der, begleitet von einem jungen Vir-

tuosen des Bandonions, bravourös argentinische Tangos tanzte und die dazugehörenden Geschichten erzählte.
In jenem Sommer gegen Ende der 70er Jahre, da L. M. noch lebte, und ich mit einiger Verwirrung seine „*scherzi*“ besah, da er mir erklärte: „Meine ‚Scherzi‘ sind einfältige und vielfältige Einfälle, als Ausfälle seit langem fällig“, besuchte ich ein andermal das Dimitrische Theater und hörte dort das „*Foot Taps*“ betitelte Programm des amerikanischen Folksängers Tucker Zimmerman. (Eine Schallplatte mit eben dem Titel bewahre ich allen CD-Qualitäten zum Trotz immer noch auf, erfreue mich über Takes wie „*Running races with my shadow*“ und „*Stephen Foster*“.)
Warum ich das hier erzähle? Nun, es gehört auch zum Tessin, daß man dort unvermutet Leute trifft, die man nie mit dieser Landschaft in Zusammenhang gebracht hätte.
1959 zeigte Dimitri sein erstes Soloprogramm im kleinen Marionettentheater von Ascona. Bald folgten ausgedehnte Tourneen, und der Mime mit dem feinsinnigen Humor, den Tessiner Liedern und den Clownerien wurde weit über die Landesgrenzen hinaus bekannt. Als sein altes Lokal in Ascona abgebrochen wurde, zog er mit seiner Familie nach Verscio, gründete dort ein eigenes Theater und fünf Jahre später eine Schule, die noch heute einzig ist in ihrer Art. Er selbst ging in jenen Jahren dreimal auf Tournee mit dem Circus Knie.
Dimitri kommt aus einer Künstlerfamilie in Ascona, über die er erzählt:

Mein Vater, der 1986 gestorben ist, war Bildhauer, Maler und Architekt. Das hat mich sehr beeinflußt. Schon wenn wir als Kinder in seinem Atelier spielten, gab es dort Ton, um zu modellieren, Farben zum Malen, Werkzeuge, um alle möglichen Dinge zu kreieren. Meine Mutter, die immer noch in Ascona lebt, stellte Stoffplastiken her, die in ihrer Art einzigartig sind: wunderbare poetische Gebilde.

Dimitri machte eine Keramikerlehre, nahm daneben Unterricht in Musik, Ballett, Akrobatik und besuchte in Paris die Mimenschule von Etienne Decroux. Ein Jahr gehörte er der Truppe von Marcel Marceau an.
Das *Teatro Dimitri* hatte zunächst nur 70 Plätze. In den 25 Jahren seines Bestehens wurde es weit über das Tessin hinaus zu einer Institution.
Über seine Kunst erzählt der Pantomime:

Wenn ich an einem Ort bin, wo niemand mich kennt, und es mir gelingt, jemanden zum Lachen zu bringen, eine einzige Person nur – vielleicht ein Kind – dann fühle ich mich glücklich: Ich habe das Gefühl, wirklich etwas getan zu haben, eine Brücke zu den andren geschlagen zu haben.
Dieser Wille steht hinter meinem Lächeln. Viel Wille ist nötig – nie genug – und große Konzentration. Ich bin in diesem Punkt zwar weit davon entfernt, einen Yogi oder Zen-Mönch zu erreichen. Aber ich fühle mich getragen vom Glauben, den mir meine Mutter mitgegeben hat, vom Glauben an eine Welt, in der die geistigen Kräfte die Oberhand behalten, wenn man an sie glaubt. Jeder hat seine kleine Philosophie. Meine ist, daß ich meine Arbeit einzig als wahrer, ehrlicher Clown verrichten will. Haltung und Charakter übertragen sich mit der Kunst. Wir haben also alles Interesse, human, herzlich und humorvoll zu sein. Mein Leben und meine Kunst sind eins. Ich spiele keine Rolle, ich bin nackt; der Clown ist der nackteste aller Artisten, weil er sich selbst darbietet, ohne Möglichkeit, das Publikum zu täuschen. Um nicht zu enttäuschen, muß er echt sein und immer den Eindruck haben, er gebe zu wenig. Dies ist mein Ideal vom Clown. Ansonsten halte ich es mit der Abwandlung des Spruches: „Liebe Gott, und tue, was du willst.“ – „Sei lustig, und tue was du willst.“

Noch einer, der in Verscio Zuflucht suchte

Es würde nicht schwer fallen, eine Geschichte des Tessins als Refugium zu schreiben. Exemplarisch ist hier auch das Schicksal des schweizerischen Schriftstellers Jakob Bührer, der, 1882 geboren, im Alter von 95 Jahren starb und im Laufe seines Lebens 40 Romane, Bühnenwerke, Gedichtbände und eine Vielzahl theoretischer Arbeiten hinterließ. Das Hauptwerk darunter ist die Trilogie „*Im roten Feld*“, in dem der Autor die schweizerische Geschichte von der Aufklärung bis zur Gründung der Helvetischen Republik abhandelt. Bührer war ein überzeugter Sozialist und weist in diesen Roman auf die in der Vergangenheit der Schweiz angelegten Traditionen von Demokratie und Freiheit hin, als deren Weiterentwicklung er den Sozialismus ansieht, einen Sozialismus, den er recht idealistisch so definiert:

Eine Weltbewegung, die die herzhafte Gemeinschaft aller Völker anstrebt, in der jeder für die geistige und materielle Wohlfahrt aller mitverantwortlich ist. So verstanden, bildet Sozialismus heute das Kern- und Schicksalsproblem der Menschheit. Im Zeitalter der Großindustrie ist es brennender, aber auch lösbarer geworden. Es geht um die Entscheidung über eine glückliche Zukunft der Menschheit oder deren Rückfall in die Barbarei, wenn nicht um ihren Untergang.

Letzteres Stichwort ist von Rosa Luxemburg entlehnt. Bei ihr heißt es: Kapitalismus sei entweder eine Vorstufe zum Sozialismus oder der Vorhof zur endgültigen Barbarei. Wir wollen diese Ansichten hier nicht bewerten, soviel aber doch anmerken, daß sie typisch für die Vorstellung einer Generation von Sozialisten in der Zeit vor dem Ersten Weltkrieg sind.
Bührers verständliche Empörung, die ihn zu politischem Engagement drängte, entzündete sich 1932, als in Genf Militär gegen streikende Arbeiter eingesetzt wurde und in einer einzigen Nacht 60 Arbeiter ums Leben kamen.
Mit einem flammenden Brief an den Vorstand der Sozialdemokratischen Partei der Schweiz (SPS), der im „*Volksrecht*“ abgedruckt wurde, erklärte er damals seinen Eintritt in die Partei unter anderem mit den Sätzen: „Somit bleibt heute einem geistigen Arbeiter, der sich seiner Zeit und seinem Lande gegenüber verantwortlich fühlt, keine andere Wahl, als sich in die Front zu stellen, die noch den Kampf gegen die Reaktion ermöglicht.“
Der Brief hatte in der Schweiz seine Folgen. Die meisten

Zeitungen, für die Bührer bis dahin gearbeitet hatte, distanzierten sich von ihm. Seine Einnahmen gingen von 800 Franken im Monat auf 200 Franken zurück. 1936 zog der Autor ins Tessin und ließ sich in Verscio nieder. Er schlug sich mehr schlecht als recht durchs Leben, indem er für die Büchergilde Gutenberg Romane lektorierte. Es sei eine Art Flucht gewesen, zudem habe man damals im Tessin noch billig leben können, erzählte seine Frau.
Wenn das militärische Reduit der Schweiz im Gotthard-Massiv liegt, bilden Monte Verità und Centovalli dann vielleicht eine Art geistiges Reduit, einen Zufluchtsort der unabhängigen, kritischen und widerspenstigen Geister? Ihnen in der Nachkriegszeit unüberhörbar Stimme gegeben hat Max Frisch. Wie auf viele andere Verdrängte und Unbequeme hat er in einem Dokumentationsband zu Bührers 90. Geburtstag auch auf diesen hingewiesen.

Und nun hinauf nach Berzona zu Herrn Geiser!

Es hatte etwas von einer Pilgerfahrt. 1972 und dann noch einmal 1986 hatte ich Max Frisch in Berzona im Onsernonetal besucht, hatte für ihn ein paar Sätze übersetzt, die er für seine Totenrede auf Martin Luther King im Zürcher Schauspielhaus genau wissen wollte. „Kirsch, ich möchte Sie gebrauchen …", hatte er das Telefongespräch damals begonnen. Ich muß vorher schon einmal in Berzona gewesen sein, denn sonst hätte Frisch wohl kaum gewußt, daß ich im Frühjahr manchmal in Tegna war, wo meine Schwiegereltern damals ein Haus besaßen. Der erste Besuch in Berzona ist wahrscheinlich durch Vermittlung von Jörg Federspiel zustande gekommen, über den ich in einer Reihe über „Junge Autoren der Schweiz" damals gerade eine Sendung für den SWF gemacht hatte, die uns näher zusammenführte. Ich erinnere mich auch noch daran, daß Frisch Elinor und mich auf dem Balkon über unsere noch nicht weit zurückliegenden Scheidungserfahrungen ausfragte. Und, unser verlegenes Zögern bemerkend, dann sagte: „Natürlich können Sie die Auskunft verweigern. Aber wissen Sie, in solchen Sachen bin ich immer schrecklich neugierig."
Ich erinnere mich auch – und da alles so lange her ist, vermag ich nicht zu sagen, ob es beim ersten oder bei den späteren Besuchen war –, daß wir an dem berühmt gewordenen Steintisch vor dem Haus saßen, Frisch sich in eine wild-wüste Erzählung über eine Zugfahrt von Zürich nach Locarno verlor und, von Marianne Oellers mit einem relativierenden Einwand zur Ordnung gerufen, replizierte: „Ich weiß nicht, was du willst, Marianne! Du weißt doch, ich kann nichts erfinden!" Dies zu der Scheidungsbefragung in Bezug setzend, begriff ich diese nun besser. So sammelte er also Material für seine Stücke, da er ja nichts zu erfinden vermochte, wie er behauptete. So einfach war das also. Nichts war einfach. Das wurde mir klar, als an der Rede über Martin Luther King gearbeitet wurde. Außer mir war noch ein in Bern lebender schwarzer Amerikaner nach Berzona gebeten worden. Auch ihn wird Federspiel empfohlen haben, der auf den großen Roman des einzigen Schwarzen von Bern, das „*Bern Book*", große Stücke hielt. Also, Frisch schrieb eine Rede, und dies zu erleben, wurde zu der einzigen wirklichen Belehrung, die mir als Autor überhaupt je zuteil geworden ist. Es schien wieder ganz einfach. Es begann mit einem Feststellungs- oder Behauptungssatz. Dann wurde darauf aufgebaut. Es ergab sich eigentlich alles von ganz allein. Und der nächste Satz war tatsächlich der einzig mögliche. Man mußte ihn nur finden. So habe ich damals in Berzona gelernt, wie man nach Sätzen sucht, die möglichst einfach sind; diese solange aneinanderreiht, bis alles über die schwierige Sache gesagt ist, was es zu sagen gibt, habe auch gelernt, welch rücksichtslose Subversivität in der Sprache selbst steckt. Diese Belehrung wurde nie ausgesprochen verkündet. Sie ergab sich aus der Beobachtung von Frischs Umgang mit Sprache. Während der Schwarze und ich irgendein Dokument der Bürgerrechtsbewegung übertrugen, war Frisch in seinem Turm; und wo, als er hinüberging, auf dem Papier noch etwas gestanden hatte, was zu schreiben ich mir auch zugetraut hätte, stand nach drei Stunden dann etwas Vollkommenes, Unbestreitbares, Unverrückbares. (Es ist in diesem Zusammenhang von Bedeutung, daß Frisch, ehe er Schriftsteller wurde, ein guter Architekt gewesen war.) Ich staunte, ein leises Gefühl von Scham und Verzweiflung ergriff mich jedesmal, weil ich mich fragte, ob ich je derlei auch nur annähernd zustande bringen würde. Einmal wagte ich, solche Zweifel kundzutun. Er sah mich erstaunt an; ohne jede Ironie im Tonfall seiner Stimme, die sonst nie ganz schwand, sagte er, fast empört: „Aber selbstverständlich!" Das blieb auf Jahre hin eine große Anforderung. Und noch etwas habe ich ein für alle mal in dieser Woche gelernt: zu seinen Feigheiten, Unvollkommenheiten, zum Bösen in sich selbst zu stehen, es zu zerstören, indem man es ausspricht. Wenn es mir hin und wieder gelingt, dann auch, weil ich mich an bestimmte Sätze Frischs erinnere. In „*Montauk*", einem seiner Bücher, das trotz des amerikanischen Ortsnamens viel mit dem Tessin zu tun hat, fand ich diese Tapferkeit vor dem Feind in sich selbst häufig. Immer diese Fragen an sich selbst, solche Fragen hinter der Tür wie diese: „Ist die Ehe für Sie noch ein Problem?" Und die Antwort: „Ich erinnere mich an eine Frau, die sich ihre zehn Finger am Verputz in der Toilette blutig gekratzt hat, nachdem ich meinen Ehebruch gestanden habe. Das Blut am Verputz habe ich am Abend bemerkt, ihre wunden Finger erst am anderen Morgen. Ferner erinnere ich mich an eine Frau, die sich aus dem Bett aufrichtet, um ihren Mann in seiner Praxis anzurufen: aus einer Kabine, sagt sie, und ich höre weg, und eine gute Stunde später speisen wir zu dritt …". Das ist wieder bestimmt nicht „erfunden", sehr einfach, ziemlich mutig und also sehr kompliziert! Immer,

wenn ich diese Stelle nachlas, schien sie mir mit jenem Ausruf der Marie in Büchners „*Woyzeck*" zu korrespondieren, nachdem für den armen Teufel klar geworden ist, daß sie ihn betrügt: „Ich bin doch ein schlecht Mensch! Ich könnt mich erstechen. – Ach! was Welt! Geht doch alle zum Teufel, Mann und Weib!".

Ein Satz von Max Frisch verbindet Manhattan und das Tessin

Häufig löst in meinem Bewußtsein die Konfrontation eines Zitats von Frisch mit der erlebten Wirklichkeit einen magischen Moment aus. So erst kürzlich wieder in New York, einem verschneiten New York. Eine halbe Stunde sitze ich vor dem Seerosenpanorama von Claude Monet. Manchmal, wenn ich mich umdrehe, fällt mein Blick in den Patio des *Modern Art*, in dem die Skulpturen Schneemützen tragen oder sich überhaupt in Schneemänner und Schneefrauen verwandelt haben. Ich muß kein Exemplar von „*Montauk*" zur Hand haben. Auch diese Stelle kennt meine Phantasie auswendig:
„Ich schwänze die Kunst", heißt es da, „und sitze im Gartenhof einen ganzen Vormittag. Es kann sein, daß mich Kunst nichts angeht, wenn ich allein bin. Ich sitze in diesem Gartenhof (Moore, Picasso, Calder etc.) seit zwanzig Jahren und länger:
1951
1956
1963
1970
1971
1972."
Ich denke an diese Sätze und rekonstruiere meine Daten:
1968
1972
1985 – da schenkte mir mein damaliger Verleger Ulf Diederichs die amerikanische Erstausgabe von „*Finnegans Wake*" und schrieb hinein:
„From Sandymount Beach to Hudson Bay – die Bücher und die Gespräche verbinden uns und vieles mehr. Eviva el compañero".
1990
1995.
Im Grund müßte man so erzählen: Vom Tessin über Manhattan. Von Manhattan über's Tessin. Denn so hängen die Dinge tatsächlich zusammen – jedenfalls in meinem Bewußtsein, und hier nehme ich mir einfach die Freiheit heraus, sie auch hinzuschreiben. –
Daß der Wein in Berzona immer hervorragend war, die Mahlzeiten ein Fest, und daß es in den Zimmern drinnen Gemälde von Varlin zu betrachten gab, daß man nach vier, fünf Stunden intensiver Arbeit am Text gut daran tat, sich ebenso nachhaltig auf eine Mozartsonate zu konzentrieren, war das andere, was man lernte – fürs Leben.

Als wir fertig waren, schenkte Frisch mir ein signiertes Exemplar des Tagebuchs 1966 bis 1971. Also man sieht schon: Da ist ein Kult. Manchmal höre ich mich sagen: „Er war der einzige Mensch, den ich in meinem bisherigen Leben je bewundert habe." Vielleicht kommt ja noch einer. Ich glaube nicht.

Jetzt sollten Sie unbedingt noch die Bekanntschaft von Herrn Geiser machen

Und nun also nach all den Jahren noch einmal dort hinauf. Zuvor hatte ich jenes Buch gelesen, das, wenn man als Liebhaber moderner Literatur ins Tessin fährt, ein Muß ist. (Sie können es natürlich auch lassen. Wir spielen hier nicht „Literarisches Kabarett". Mit dem, was Ihnen entgeht, sind Sie genug bestraft.) Ich meine: „*Der Mensch erscheint im Holozän*". Das Unwetter, dem darin nahezu die Rolle einer handelnden Person zugewiesen wird – im 20. Jahrhundert die Naturgewalt als Gegenspieler des Helden, auch darüber lohnt es sich nachzudenken! – stellt für das Tessin der Gegenwart ein ziemlich einschneidendes Ereignis dar. Davor konnte man in Ponte Brolla in den großen natürlichen Becken zwischen den sonnengebleichten Steinen, die mich immer an sich in der Sonne aalende Elefanten erinnerten, baden und schwimmen. Nach diesem Unwetter gab es das nicht mehr. Und nun regnete es also wieder einmal seit zwei Tagen *cats and dogs*, wie es die englischen Gäste ausdrückten. – Die Maggia hatte sich von einem trägen Bach zwischen sehr viel Geröll, das wie gebleichte Menschenknochen aussah, in einen reißenden Strom verwandelt, und wir beschlossen, mit dem Bus hinauf nach Berzona zu fahren. Zuvor war mir eingekommen, einmal der Frage nachzugehen, weshalb und wie Frisch (und außerdem Alfred Andersch und Golo Mann, seine Nachbarn) es dort hinauf verschlagen hatte. Das ist doch eine Frage: Warum verkriechen sich drei bekannte Schriftsteller der deutschen Gegenwartsliteratur in ein Bergdorf, wo es im weiteren Umkreis weder ein Kino, noch ein Theater gibt?
Ich hatte Frisch nie gefragt, wie und warum er nach Berzona gegangen war, aber ehe ich jene Pilgerreise antrat, beharrte diese Frage darauf, beantwortet zu werden. In den Biographien kann man feststellen, daß Frisch das Haus in Berzona schon 1964 kaufte und der Umbau sich lange hinzog. Auf anderes stoße ich in „*Montauk*":

Zu beschreiben wäre ein steinerner Tisch ... Das Haus in Berzona, das wir auf einer Durchreise besichtigen bei strömendem Regen: ein Bauernhaus, das Gemäuer ziemlich verlottert, das Gebälk zum Teil morsch.
Wir kommen von Rom, Via Margutta, aus einer Untermiete; mein Leben lang bin ich Mieter oder Untermieter gewesen. (...) Das Dorf liegt auf einer schmalen, mit Grundmoräne bedeckten Hangterrasse, die sich als Überrest eines ehemaligen Talbodens bis nach Spruga hinauf verfolgen läßt,

so die topographische Beschreibung von Berzona, die auch der gelesen haben wird, der mit dem Gedanken umging, da mit einer Frau seßhaft zu werden.

Jetzt möchte ich ein Haus haben mit Dir. Unter Schirmen stapfen wir durch das verwilderte Gelände; ein Dschungel von Brennesseln und Brombeeren, viel Farnkraut; wie üblich in dieser Gegend: Trockenmauern aus grobem Feldgestein stützen die Terrassen. Du gehst ziemlich stumm, ich zeige auf die schönen Nußbäume. Ein großes Gelände. Viele Kastanienbäume gehören dazu. Drinnen im Haus ist es muffig; da und dort Schimmel an den Mauern. Die Zuversicht, daß sich das umbauen und ausbauen läßt, übernehme ich, ebenso die zähen Verhandlungen um den Kaufpreis. Eins ist mir von der ersten Stunde an klar: allein, als Junggeselle, könnte ich in diesem Tal nicht hausen. Ich sehe den Balken, wo ich baumeln würde; es wäre leicht zu veranstalten von einem kleinen Fenster aus.

Und da ist die Antwort:

Ich habe nie davon geträumt, ein Haus zu haben; jetzt möchte ich es. Wir werden trotzdem noch reisen; es soll kein Gefängnis werden, nur ein Zuhause, wenn Du dazu bereit bist: Unser Zuhause.

Also um einer Frau willen, um des Zusammenlebens mit einer Frau willen, und dahinter steht der Wunsch, auch Besitzer eines Hauses zu sein und es zusammen mit einer Frau zu gestalten. So erklärt er sich selbst. Um später in jener phantastischen Erzählung „*Der Mensch erscheint im Holozän*" genau diese Situation zu fiktionalisieren: In diesem Haus, das natürlich das Haus in Berzona ist, wird Herr Geiser einquartiert. „Mit der phantastischen Wachheit des Einsamen", heißt es in einer Besprechung, „registrierte Herr Geiser die kleinsten Anzeichen einer denkbaren Katastrophe. Das Tal ist durch Unwetter von der Umwelt abgeschnitten. Gefaßt darauf, daß eines Tages der ganze Berg ins Rutschen kommt und das Dorf verschüttet für alle Zeit, liest Herr Geiser im Lexikon, in der Bibel, in Geschichtsbüchern und schreibt ab, was nicht vergessen werden soll."
Herr Geiser unternimmt auch einen Ausbruchsversuch auf einem Weg, den man nachgehen könnte. Es ist der alte Saumweg ins Maggiatal über den Passo della Garina. Wir hatten es geplant, ließen es dann, weil es wieder einmal mehrere Tage geregnet hatte. Schon Herr Geiser mußte umkehren:

Die Kirche von Aurigeno (wo es einen Post-Bus nach Locarno gibt), ist noch nicht zu sehen, immerhin hat Herr Geiser ihren Stundenschlag gehört und deutlich: ein harter und heiserer Glockenton fast ohne Hall,

heißt es in der Erzählung. Herr Geiser nennt das Onsernonetal ein „Tal ohne Baedekerstern". Im Tal hier oben werden die Feigen nicht reif, aber die Trauben. „Alles in allem ist es ein stilles Tal."
Ziemlich erstaunlich, was da alles zu Tage kommt, wenn man gräbt.

Der letzte Mord im Tal, nur gerüchteweise bekannt, da er nie vor ein Gericht gekommen ist, liegt schon um Jahrzehnte zurück. Auch die Inzucht ist im Schwinden, seit die Burschen ihr Motorrad haben, ebenso die Sodomie.

Letzterer Satz ist bezeichnend für die besondere Art von Frischs Sarkasmus. Ebenso der nächste: „Seit 1971 gibt es das Frauenstimmrecht."
Ich nehme mir vor, mich zurückzuhalten mit den Zitaten, weil ich den Leser nicht um das Vergnügen bringen möchte, Herrn Geiser und seine existentielle Situation selbst kennenzulernen.
Wir fuhren mit dem Postauto hinauf, wurden an einer Straßenkurve abgesetzt. Ich erinnerte mich an jene Information:

Der Saumweg, der 1768 durch die Brüder Remonda aus Comologno auf eigene Kosten ausgebaut wurde, stellte bis zum Bau der Straße 1896 die Verbindung des Valle Onsernone mit der Außenwelt her.

Noch heute ist es sehr einsam da oben, oder wirkt jedenfalls so, bei leichtem Regen. Das Dorf hat dem Dichter eine Gedenktafel gesetzt, die wie alle Gedenktafeln komisch wirkt. Sie ehrt das Dorf, weniger den Dichter. In der Garage steht heute kein Jaguar mehr. (Frisch hatte das Autofahren spät erlernt und fand, eine solche Karosse sei sicherer, sofern er einmal in einen Unfall verwickelt würde.) Das Dorf spinnt sich, während wir umhergehen, immer mehr in Regen ein. Andersch ist tot, Golo Mann ist tot, Frisch ist tot.
Herr Geiser lebt immer noch hier. Glauben Sie mir, ich bin ihm begegnet. Er kam aus dem Dorfladen.
„Regen, als Zischen im Laub der Kastanie." Wieder ein Satz aus der Erzählung. Auch den Hubschrauber, der das nötige Baumaterial zu einem Neubau bringt, haben wir gesehen.
Als wir durch eine Schlucht mit Kastanienbäumen, seit Berzona gefolgt von einem Hund, unten in Loco auf der Hauptstraße ankommen, entdecken wir dort die „höchste Buchhandlung der Welt". Früher, lese ich, wurde im Tal einmal Modegeschichte gemacht. Das Großbürgertum in Badeorten von Karlsbad bis Spa traf sich vor hundert Jahren mit Accessoires aus den Händen der Onsernonesi: luftige Strohhüte, elegante Taschen, chices Reisegepäck. Das ganze Tal flocht Stroh. Kuriose Welt. Ein Mädchen wartet schon auf den Bus talwärts, obwohl der erst in einer dreiviertel Stunde kommen wird. Wir kriechen in einer Schenke unter, wo Bauarbeiter Mittagspause machen und Suppe essen. Am Nebentisch verzehrt ein Wanderer ein Stück Bergkäse. Als wir zur Bushaltestelle kommen, steht das kindliche Mädchen von vorhin immer noch geduldig im Regen. Der Bus trifft ein, auf der Straße mit den tollen Kurven geht es hinab. Das Dreiklanghorn wird vom Fahrer nicht betätigt. Als wir wieder in Tegna sind, kommt es mir vor, als seien wir auf der Rückseite des Mondes gewesen. Die, denke ich, hätte Herrn Geiser auch sehr interessiert. Und nun weiß ich immerhin auch, warum Max Frisch und Herr Geiser in Berzona gewohnt haben. Es gibt dort nicht viel zu sehen – und alles.

Wie ein vorzeitliches oder futuristisches Wesen scheint sich der mit Schnee und Eis bedeckte Berg freßgierig gegen den Kirchenhügel vorzuschieben. So schreckhaft erfahren bei Carlazzo, wo Luganer und Comer See einander fast berühren.

Lago di Naret im Val Bedretto. Ist man hier in Grönland oder im Tessin? Eine eisige Helligkeit steigt auf zum Himmel, gerinnt zu schwachen Wolken.

Unter dem Dach der Alpen ein kleiner Ort, Molare, an der *strada alta*. Es scheint, daß der Mensch hier immer nur vorübergehend zu Gast sein kann.

Frösteln und Nebel. – Was sich hier behauptet sind Rinder, Moos und Gestein. Menschen haben hier wenig zu suchen, wenig zu finden, außer jenem weißen Licht, das dem Nichts nahe ist.

In großer Höhe kann sich die einladende lichtträchtige Landschaft des Tessins in eine Szenerie von schroffer Abweisung verwandeln. Dennoch hat diese Landschaft der Felsen, Moore und spärlichen Gräser ihren eigenen Reiz.

Eine von Rauhreif verzauberte Schlucht. Einmal mehr zeigt die Landschaft des Tessins ihr magisch-märchenhaftes Gesicht: Hier wohnen Eisriesen und Schneefeen.

Nächste Seite:

Maiensäße bei Anzano, Val Blenio. Noch leuchten die blühenden wilden Kirschbäume am unendlichen Hang, der sich mit Abenddunst vermummt.

Eben kommt am St.-Gotthard-Paß der Bergfrühling über die hochgelegenen Matten. Der Schnee weicht in die Felsmulden zurück.

Das Valle Bavona ist ein typisches, von Gletschern gebildetes Tal, zum Teil mit bis zu 300 Meter hohen, senkrecht abfallenden Wildbachbetten, Lawinen und Bergsturzkegeln. Wahrzeichen des Dorfes Foroglio ist der über die Mündungsstufe des Val Calnegia herabstürzende Wasserfall.

Natur und Kunst berühren sich: Im Spiel von Wasser und Licht entstehen Strukturen, die an die Zeichen und Signaturen auf den Gemälden Paul Klees erinnern.

Wasser modelliert den Stein. Hier ist es die Verzasca bei Lavertezzo, die phantastische Gebilde zurechtschleift, deren Formen und Körper moderner Plastik nahekommen.

Ein „Pozzo" und die Elefantenfelsen in der Maggia. Ehe sich bei der letzten großen Überschwemmung hier das Flußbett veränderte, war dies ein idealer natürlicher Badeplatz.

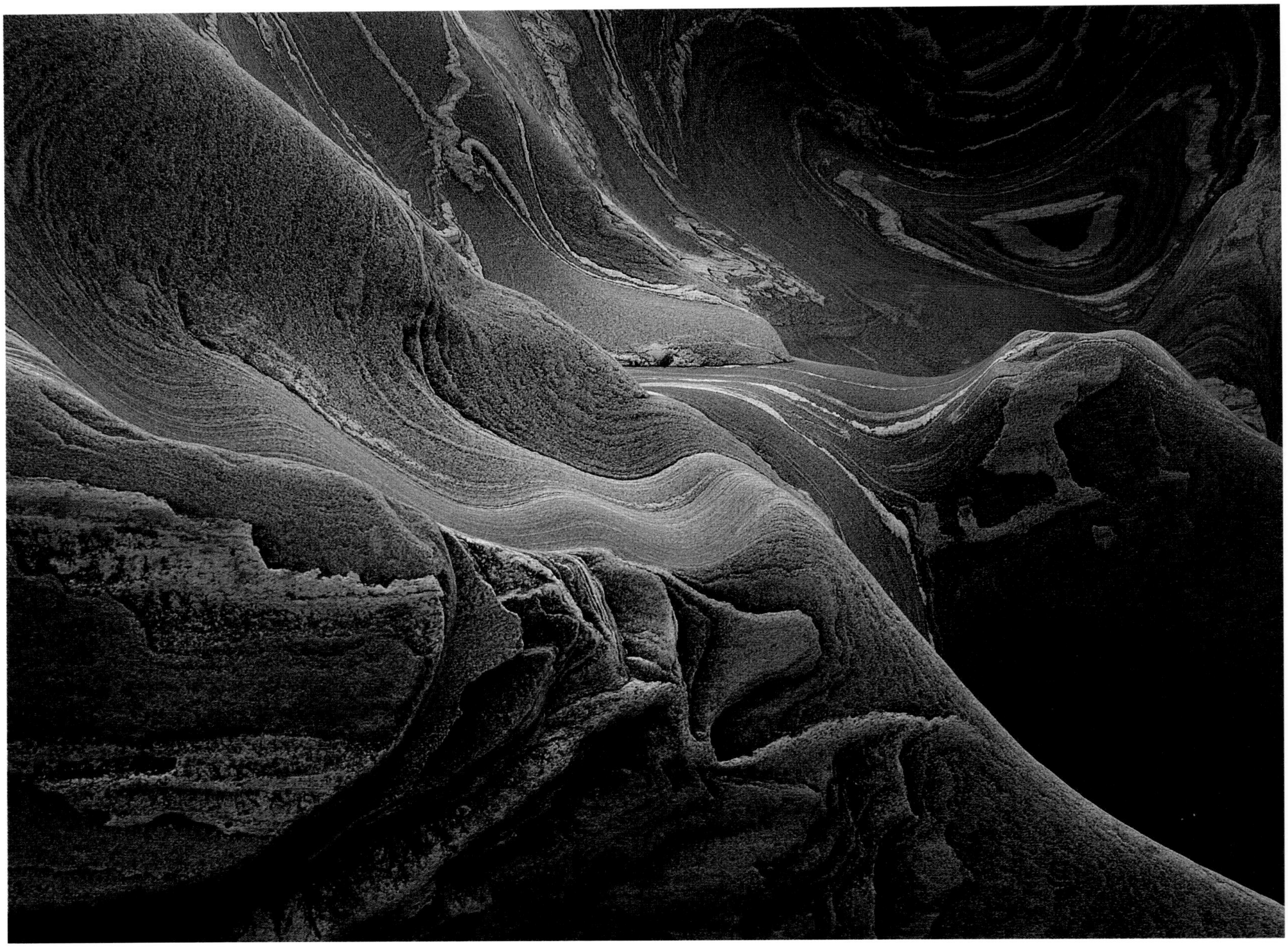

Steinmuster an der Maggia bei Ponte Brolla. Wer könnte Geheimnisvolleres erfinden?

Ein Rätsel der Natur! So zu lösen bei Lavertezzo, Val Verzasca.

Nächste Seite:

Ein Baum, der im Licht brennt, ein Fluß, den die Dunkelheit verschlingt! Der Traum der Natur bringt Ungeheuer hervor.

Bei Broglio, einer Siedlung, die schon 1397 unter dem Namen Brons erwähnt wird.
Hier wurden vor einigen Jahren Gegenstände aus der Römerzeit entdeckt.
Broglio ist die Heimat des Tessiner Dichters Giuseppe Zoppi.

Nächste Seite:

Blick von Contra auf Gordola über der Magadinoebene.
Typisch für den Eindruck, der sich an vielen Orten mitteilt, ist eine eigentümliche Abgehobenheit, die eine Befindlichkeit wie in einem Vakuum zwischen Himmel und Erde evoziert.

Kirche im Colla-Tal: Je nach der Tages- und Jahreszeit, nach Lichteinfall oder Witterung, kann sich ein Hang oder eine Bergkette verfremden, sich in eine Landschaft verwandeln, die nicht mehr von dieser Welt zu sein scheint.

Locarno, Ascona und der See: Wellengeflüster, Möwen, Inselgärten und der Berg der Wahrheit

Locarno ist eine Stadt, die, wenn ich sie neuerdings besuche, möglichst rasch wieder verlassen möchte. Man steigt aus der Bahn, überquert die Straße und gerät unter Arkaden, an denen sich, als gäbe es hier etwas umsonst, in wilden Bewegungen Menschenmassen an Boutiquen, Eissalons, Cafés und Andenkenläden vorbeidrängen. Gut, da ist die Piazza Grande, die man bei schönem Wetter als Operettenbühne betrachten kann. Da ist die Via San Antonio mit ihren Alta-Moda-Läden, den Parfüm-, Antiquitäten- und Schmuckgeschäften. Gewiß wird einer auch sagen: denken Sie doch an das Seeufer. Was haben Sie gegen Parkanlagen, in denen, wenn im Norden noch Winter ist, die Magnolien blühen? Der See ist himmelblau. Da geht der Blick hinüber auf die andere Seeseite mit den kleinen malerischen Dörfern, die am Uferrand sitzen oder an den Bergen kleben wie Schwalbennester. Aber das ist es ja gerade: alles erinnert ein bißchen an die Kulissen vom „Weißen Rößl". Es vollzieht sich da in allem eine gefährliche Anpassung an einen miesen Touristengeschmack. Das bringt Geld für die Zeit von November bis März, da die Stadt unter fahlem Licht, hinter verschlossenen Jalousien, umflattert von melancholischen Möwen und bewacht von unheimlichen kahlen Platanen, einen Winterschlaf hält, aber es läßt das Ambiente auch herabsinken auf Drosselgassenniveau. Ja doch, manchmal ist noch etwas schön geblieben. Selbst in der Via San Antonio, wenn man den Blick in die Höhe lenkt, entdeckt man hier und da noch einfache, würdige Häuser mit Gesichtern und Balkone und Fenster mit hölzernen Klappläden, die dazu einladen, auf und an ihnen einen Goldoni zu inszenieren.

Sonne, Kamelien und Platzkonzerte

Irgendwo lese ich „Sonne, Kamelien und Platzkonzerte". Anderswo: „Hochglanztessin": Gemeint sind die vielen Bank- und Hotelpaläste. Einen Ausflug zur Wallfahrtskirche *Madonna del Sasso* könnte ich vorschlagen. Kunstgeschichtlich Interessierten wäre die Krypta der Kirche *San Vittore* im Stadtviertel Muralto ans Herz zu legen. Man werfe auch einen Blick auf die mit südlicher Sorglosigkeit alte Mauern einbeziehenden, von üppigen Gärten umgebenen Villen am Hang, seitwärts der ewig verstopften, viel zu engen Durchgangsstraße nach Süden. Dort irgendwo hat Bakunin von der Abschaffung der Macht geträumt. Erwähnen könnte ich noch die *Festa dei Fiori* zu Pfingsten und das *Internationale Filmfestival* im Juli. Aber dann machen wir uns schnell davon, am besten mit dem Bus, nach Ascona. Mit dem städtischen Bus deshalb, weil man so auch noch ein paar Alltagsszenen in beiden Orten mitbekommt.

In gewissem Sinn gilt für Ascona auch vieles von dem, was ich in Locarno bekrittelt habe. Die Touristenseuche vergiftet auch hier langsam aber sicher die Aura einer

Stadt. Und dennoch: in Ascona habe ich mich wohlgefühlt, in Locarno bin ich bei meinem letzten Besuch ein Gefühl des Abscheus nicht losgeworden.

Ein Fischerdorf, grandioser Barock und die Malerin aus Rußland

Ascona ist aus einem schon 754 urkundlich erwähnten Fischerdorf hervorgegangen. Berühmt und vor allem massentouristisch verseucht ist die Uferpromenade, überragt vom Campanile der Pfarrkirche *San Pietro e Paolo.* Da stehen unter der Platanenreihe am Ufer dicht an dicht die Cafèstühle, da bitten Clowns und Straßenmusikanten um einen Obolus, da kommen und gehen die Dampfer und Boote von und zu Fahrten zu den kleineren Orten um den See. Wirklich sehenswert: die nur ein paar Schritte entfernt gelegene *Casa Borrani*, das Geburtshaus des Malers Giovanni Serodine (1594 – 1631). Sein älterer Bruder, der Stukkateur Giovanni Battista, gestaltete die dreigeschossige frühbarocke Fassade zu einem der prunkvollsten Profanbauten der Schweiz. Reiche Supporte, Reliefbänder aus Blumengirlanden und biblische Szenen schmücken die Vorderfront. Die lebensgroße Plastik auf dem Giebelfeld des mittleren Fensters soll von den Allegorien Michelangelos an den Medici-Gräbern in Florenz inspiriert sein. Mit dem Weg zu dieser Sehenswürdigkeit ist man auch schon in dem, was ich das Labyrinth von Ascona nenne. Ein Gewirr von Straßen, Gassen und Gäßchen, eine architektonische Augenweide. Brunnen, Arkaden, Innenhöfe, Gärten, Gärtchen und immer wieder einmal ein kleiner Platz. Gewiß, auch hier klebt eine Boutique, ein Schuh- und Schmuckladen am anderen, aber daneben gibt es doch auch Geschäfte, die etwas originellere Waren anbieten. Die Auslagen wirken phantasievoller als in Locarno. Dort einfach umherzugehen, Menschen zu beobachten, Schaufenster anzusehen, hat mir gefallen. Und wenn es regnet – das Städtische Museum ist nicht weit, und dort läßt sich nun eine Entdeckung machen, die in die kulturelle Atmosphäre von Ascona einführt: die Gemälde der Malerin Marianne Werefkin.

Als sie 1914 zusammen mit Alexej Jawlensky nach Ascona emigrierte, lagen schon wichtige Stationen eines ereignisreichen Lebens hinter ihr. 1860 in der Nähe von Moskau in einer Familie des russischen Hochadels geboren, erhielt sie seit ihrem vierzehnten Lebensjahr Malunterricht, unter anderen bei Ilja Repin, der als der russische Rembrandt gilt. Nach dem Tod ihres Vaters machte sie eine beträchtliche Erbschaft, die es ihr ermöglichte, 1896 zusammen mit dem Maler Alexej Jawlensky nach München zu gehen. Dort waren beide entscheidend an der Gründung der Neuen Künstlervereinigung und später an der des *Blauen Reiters* beteiligt. Dabei interessierte sie sich für die theoretische Reflexion dessen, was wir heute die *Klassische Moderne* zu nennen gewohnt sind und legte ihre Gedanken zwischen 1901 bis 1905 in den „*Lettres à un Inconnu*" nieder. Zu ihrem Freundeskreis gehörten Kandinsky, Marc, der Tänzer Waslaw Nijinksy und die Dichterin Else Lasker-Schüler.

Als die Malerin 1938 starb, hinterließ sie ein Oeuvre von 500 Ölbildern. Um die hundert davon sind in Ascona entstanden, hinzukommen 3 700 Skizzenblätter. Der Fundus der *Fondazione Marianne Werefkin*, aus dem das *Museo Comunale d'Arte Moderna Ascona* die bei ihm ausgestellten Gemälde bezieht, ist eindrucksvoll. Die Bilder erinnern in ihrer Expressivität an Munch, Kirchner und die Maler des Blauen Reiters, in ihrer Farbigkeit auch an Kandinsky, fügen aber der Form- und Farbeigenart dieser Maler etwas durchaus Eigenständiges hinzu. In ihnen ist das Tessin in seiner Spannung, seiner zeitweiligen Unheimlichkeit und Bedrohlichkeit, seiner herben Religiosität und seiner Melancholie anwesend.

Die Reventlow saniert sich in Ascona

Mehr nach Bohème, existentiellem Slapstick und Amore schmecken die sich mit Ascona verbindenden Erlebnisse der Schriftstellerin Franziska zu Reventlow (1871 – 1918). Den Ausgangspunkt der Affäre schildert sie selbst in einem Brief vom November 1910:

Hören und staunen Sie: Mir wurde schon in München der Vorschlag unterbreitet, einen baltischen Baron zu heiraten, der seit einigen Jahren hier lebt resp. säuft und eine Frau behufs Scheinehe sucht, um a) sich bei seiner Familie zu rehabilitieren, b) seine spätere Erbschaft der Familie zu entziehen. Der Frau wollte er dafür die Hälfte eben dieser Erbschaft geben (herzlose Nebenbemerkung: der Vater ist 78 Jahre alt). Ja, nun, und deshalb bin ich nach Ascona gekommen und werde mich demnächst in Locarno vor Gott und den Menschen mit ihm trauen lassen.

Neunundreißig Jahre war die Reventlow, als sie mit ihrem 1897 geborenen unehelichen Sohn nach Ascona zog, den jener Baron, der Freiherr Alexander von Rechenberg-Linten hieß, als „Blutsohn" zu adoptieren versprach. Zunächst wohnte sie – wieder scheint alles der Handlung einer ihrer Romane zu entstammen – zur Untermiete bei einem akademischen Kunstmaler aus Darmstadt, zog aber dann in den *Roccolo*, einen der drei ehemaligen Vogelfangtürme Asconas, um, der auch heute noch steht und auch heute noch bewohnt ist. An Verehrern fehlte es auch in Ascona nicht. Außer dem versoffenen Baron buhlten zwei Asconeser Hausbesitzer um ihre Gunst. Aber im Mai 1911 heiratete sie, kirchliche Trauung in Ronco, den bewußten Adligen, dem, nach anderthalb Jahren Scheinehe, der Vater tatsächlich 20 000 Franken auszahlen ließ. Die Reventlow deponierte ihren Teil des Fischzuges bei der *Credito Ticinese*, dann kam ein Bankenkrach, und sie mußte ihren Freunden berichten:

Der kurze Glanz war sehr schön, der Krach eigentlich auch ganz lustig, und der Entschluß, im Ausland zu leben, erlösend. – Kurz, der Herr hat's gegeben, der Herr hat's genommen, der Name des Herrn sei gelobt.

Die Mehrzahl ihrer Bücher – so die Romane „*Von Paul zu Pedro*", „*Herrn Dames Aufzeichnungen*" und die Novellensammlung „*Das Logierhaus zur schwankenden Weltkugel*" – sind in Ascona entstanden. Die Reventlow plädierte vehement für die sexuelle Freiheit der Frau und praktizierte sie auch. Karl Wolfskehl und der Philosoph Ludwig Klages zählten zu ihren zahlreichen Geliebten. Als 1914 der Erste Weltkrieg ausbrach, hatte sei eigentlich vor, mit einem chinesischen Akrobaten eine Weltreise zu unternehmen, bei dem sie das Messerwurfziel für dessen Zirkusnummer abgeben wollte. Sie starb 47jährig in Muralto und liegt auf dem Friedhof Locarno-San Antonio begraben. Bezeichnend für ihre Lebensphilosophie sind die Sätze:

Die beste Vorsorge fürs Alter ist jedenfalls, daß man sich jetzt nichts entgehen läßt, was Freude macht, so intensiv wie möglich lebt. Dann wird man dermaleinst die nötige Müdigkeit haben und kein Bedauern, daß die Zeit um ist. Für all die Leute mit verfehltem Leben, versäumter Jugend, überhaupt mit vielen Unterlassungssünden – für die muß es schrecklich sein, alt zu werden.

Um intensiv zu leben und etwas Verrücktes zu tun, dazu scheint in der Gegend um Locarno das meteorologische und psychologische Klima von jeher besonders günstig gewesen zu sein. Und somit stechen wir, ehe wir in die Höhe auf den Monte Verità steigen, mit dem Schiff in See, um wenigstens einige der vielen schönen südländischen Gärten in Augenschein zu nehmen.

James Joyce, die Zauberin Kirke und anderer Gartenzauber

Da sind zunächst die Brissago-Inseln mit einem eindrucksvollen botanischen Park samt einheimischen und exotischen Kultur- und Wildpflanzen. Die Anlage gehört zum Gebiet der Gemeinde Brissago, welche in der ganzen Schweiz wegen eines besonderen Typs von Rauchwaren bekannt ist: eine lange dünne, aus reinem Virginia handgedrehte Zigarre mit einem Strohhalm in der Mitte, die die 1847 gegründete *Fabricca Tabacchi Brissago* herstellt. Aber zurück zu den Gärten. Der Park, 900 Meter von Porto Ronco entfernt, umfaßt die Große Insel, auch St. Pankratiusinsel genannt, wo zum größten Teil exotische Pflanzen gedeihen, und die Kleine Insel, auch St. Apollinarinsel genannt, wo man die einheimische Vegetation so belassen hat, wie sie spontan wächst. Die Inseln haben ein ungewöhnliches, besonders mildes Miniklima, so daß man dort während des ganzen Jahres Pflanzen kultivieren kann, die sonst nur in den Subtropen gedeihen.
1885 machte die gebürtige Russin Baronin Antoniette de Saint-Léger die Inseln zu ihrem Domizil und legte unter enormen Kosten einen botanischen Garten an. Als sie 1927 ihr gesamtes Vermögen verlor, mußte sie ihr lebendes Kunstwerk aufgeben. Als alte Frau starb sie vereinsamt in einem Altersheim der Region. Neuer Herr der Insel wurde der Hamburger Kaufmann Max Emden, der den heute als Restaurant und Verwaltungsgebäude genutzten Palast errichten ließ. Es ist unmöglich, von der Pracht der Blumen, Blüten und Sträucher eine Vorstellung zu geben, die zu eindrucksvollen Kleinlandschaften geordnet sind, von denen aus der Blick immer wieder auf den See fällt.
Trotz der Besucherströme breitet sich von den Pflanzen her Ruhe oder doch eine stille Gelassenheit über den Park aus, von der die meisten Besucher sich durchaus auch anrühren lassen. Auf der großen Insel erinnerte ich mich wieder einmal des Ausrufs von William Morris:

Begreifen Sie, welche Schätze Bäume für eine Stadt oder den Vorort darstellen? Welche Augenweide Bäume verglichen mit jenen gräßlichen Hundehütten sind, mit denen Sie wahrscheinlich (verzeihen Sie mir) dieses Grundstück überbauen werden.

Nun, hier ist einmal jemand in die vorgeschlagene Richtung gegangen: er/sie hat auf einem Stück Erde die Schönheit der Pflanzen triumphieren lassen. – Welch schöneres Denkmal könnte ein Mensch sich setzen?
Aber wer denkt, wenn er seltene Pflanzen betrachtet, an James Joyce und seinen „Ulysses"? Und doch gibt es da einen, selbst für Joyce-Enthusiasten und Kenner, vielleicht erstaunlichen Bezug.
1919 reiste Joyce gewissermaßen zu Recherchen nach Locarno. Warum und zu wem, kann man in Richard Ellmans Biographie nachlesen. Dabei lernen wir die schöne Gartenenthusiastin von einer ganz anderen Seite kennen:

Während er (Joyce) auf Nachricht seiner Freunde wartete und vielleicht auch auf den Besuch des Betreibungsbeamten, begab er sich vom 8. bis 14. Mai zusammen mit Frank Budgen für ein paar Tage nach Locarno. Dieser Besuch konnte seine juristischen Schwierigkeiten auch nur aufschieben, lieferte ihm aber wertvollen Stoff für die Sirenen-Episode, an der er gerade arbeitete, und mehr noch für die Circe-Episode. Er hatte von einer Baronin St.-Léger gehört, die auf der Isola da Brissago lebte und Puppen herstellte. Nach den Gerüchten soll sie dort sieben Ehemänner „ohne Träne begraben" haben, und sie selbst gab die Zahl mit drei an. Wegen dieser hohen Sterblichkeitsziffer und ihrer wilden Gesellschaften war sie verschiedentlich als Sirene oder Circe bekannt. Als wolle sie diese Identifizierung bestätigen, hatte sie ihre Wände mit bemalten Behängen geschmückt, wo fortlaufende Szenen aus der Odyssee dargestellt waren, und sie besaß auch einen Wandteppich, in den das griechische Motto eingewoben war: „Gut Freund und gut Feind." Joyce schrieb ihr und bat sie, ob er die homerischen Bilder sehen dürfe, da er über Odysseus schreibe. Als Antwort kam die Baronin selbst über den See gefahren, stand in ihrem kleinen Boot auf, einen Strohhut auf dem Kopf und einen Hund neben sich. Als sie auf Rufweite herangekommen war, schrie sie ihm zu, sie sei überzeugt, er sei kein Engländer. „Nein, Ire!" rief Joyce zurück und freute sich sehr. Sie lud Joyce und Budgen in ihr Heim auf der Insel ein. Während Budgen einen Hain mit Eukalyptusbäumen malte, ging Joyce mit ihr die Bilder anschauen. Sie waren wenig überzeugend und eine Enttäuschung: „Die Sirenen", sagte

Joyce später, „waren noch nie in einem Wind draußen gewesen, denn ihr Haar war so anliegend wie eine deutsche Perücke und das Meer war dementsprechend." Das einzige, was er an der ganzen Reihe bewunderte, war ein winziges Detail: darin hatte der Künstler Odysseus ermüdet dargestellt; er setzt sich hin, um den Bogen zu spannen. Bloom ist in der entsprechenden Episode ebenfalls erschöpft.

Die Baronin, eine alte Dame, führte Joyce in ein Zimmer, das einen Koffer voller Bücher über erotische Perversionen und ein Paket obszöner Briefe enthielt. „Die sollen Sie haben", sagte sie zu ihm und fuhr dann in ihrem mitteleuropäischen Akzent etwas theatralisch fort: „Sie wurden während vieler Jahre eines unbefriedigenden Vagabundenlebens gesammelt, dem Leben eines meiner Geliebten, eines Griechen." Die Photographie dieses Odysseus befand sich am Bettende und zeigte einen hübschen Burschen mit einem schwarzen, gestutzten Bart und, wie Joyce sagte, „einem wilden Aussehen unter der Gesichtshaut". Obwohl er die Bücher und Briefe gern mitnahm und auch ihren Abenteuern mit großem Interesse zuhörte, war ihm die Geschichte doch zu außergewöhnlich, um sie verwenden zu können. „Ein Schriftsteller", bemerkte er zu Djuna Barnes, als er ihr den Vorfall erzählte, „sollte nie über etwas Außergewöhnliches schreiben. Das ist recht für einen Journalisten."

Der nächste Garten, den ich zu besuchen vorschlage, ist völlig anderer Art. Er liegt im Borromäischen Golf vor Stresa auf der *Isola Bella.* Auf der *Schönen Insel* begegnet man unter anderem Pfauen, die dort Rad schlagen, und ein wenig wie die sich spreizenden Federn dieses Vogels ist alles, was man dort sieht.

Die Insel ist eine Schöpfung des Menschen. Sie wurde aufgeschüttet in Erweiterung eines Felsenriffs, das einige wenige Fischerhäuser trug. Die Bauherren waren das Adelsgeschlecht der Borromäus, eine jener *Signorien*, die ab dem Jahr 1439 von den Visconti die Herrschaft über diesen Teil des Sees übernahmen. Die Römer hatten den See *Verbanus* genannt, und der Name *Verbano* ist heute noch für die Region in Gebrauch. Das Adelsgeschlecht der Borromäus weitete nach und nach seine Macht aus, bis es einen großen Teil des Verbano beherrschte. Seine Vormachtstellung hielt an bis 1714.

Aber zurück auf die *Isola Bella.* Nachdem die Insel nach und nach künstlich aufgeschüttet worden war, ließen hier Carlo III. und Vitaliano so etwas wie ein barockes Gesamtkunstwerk bauen, nämlich einen Palast, umgeben von Gärten, und, gewissermaßen zu ihm hinführend, zehn übereinanderliegende Terrassen, die eine abgestumpfte Pyramide bilden. Insgesamt sollte die Insel ein in der Bucht verankertes Schiff darstellen, dessen Bug ein nicht fertiggestellter, spitz zulaufender Hafen bildete, mit dem Vorderdeck des Palasts Borromäus und der Kommandobrücke auf der obersten Terrasse.

Das Interieur des Palastes mit seinen Stukkaturen, Fresken und Gobelins ist ein Musterbeispiel lombardischen Barocks. Den originellsten Teil des Palastes stellen sechs kühle Grotten, in der Nähe des Wasserspiegels dar, die mit Muscheln, Wassertieren und Pflanzen manieristisch eine Unterwasserwelt nachahmen.

Ein wenig weiter nach Norden liegt die *Isola dei Pescatori*, mit malerischen Häusern, die Fassaden mit üppigem Blumenschmuck und alle Gassen gesäumt mit Andenkenständen.

Gartenfreunde zu entzücken vermögen hingegen die Gärten der *Villa Taranto*, angelegt ab 1931 in mühevoller siebenjähriger Arbeit von dem Schotten Neil McEacharn. Man findet hier um die 20 000 Sorten und Arten, viele davon bis vor wenigen Jahren noch nie in Italien gezogen. Bei solcher Artenvielfalt hat der Garten im Frühjahr, Sommer und Herbst seine jeweils besonderen Schönheiten, zu denen auch der Bestand an Buchen, Eukalyptus, Kastanien und die großartige Gruppe des Trachycarpus beiträgt, die man mit einer Perlenkette, eingefaßt vom grünen Diadem des Rasens, verglichen hat. Wen es nach weiteren südländischen Gärten verlangt, sollte auch auf die *Isola Madre* fahren. Obwohl die größte unter den Inseln im Borromäischen Golf, wirkt hier alles intim.

Wieder in Ascona, verlassen wir das Schiff und machen uns auf zum Monte Verità; der Weg führte erst an modernen Wohnblocks vorbei, deren Zwischenräume immer wieder schöne Aussichten auf den See hinaus freigeben, höher hinauf stehen dann immer mehr Villen, und die Zahl der geparkten Ferrari, Porsche und Jaguar nimmt zu.

Dann beginnt der Wald. Die Häuser werden noch vornehmer, die Grundstücke, die sie umgeben, noch größer.

Le mammelle della verità – Die Brüste der Wahrheit

Die Bäume stehen locker und lassen den Blick frei auf ein Hotel und drei Museumsgebäude. Da liegt die *Casa Anatta*, in der seit 1981 eine permanente Ausstellung über den *Monte Verità*, den Berg der Wahrheit, zu sehen ist.

Die Geschichte des Monte Verità nachzeichnen zu wollen, wäre ein episches Unternehmen. Wie dieser Hügel über Ascona zwischen der Jahrhundertwende und Jahrhundertmitte zu einem kulturellen Magnetpol wird, den so viele wichtige Persönlichkeiten deutscher und europäischer Geistesgeschichte kürzere oder längere Zeit besuchen, ist für uns Heutige vielleicht deswegen von besonderem Interesse, weil es sich in der Mehrzahl um frühe Aussteiger-Schicksale handelt. Die von Harald Szeemann und der *Agentur für geistige Gastarbeit* gestaltete Ausstellung, erst recht aber der dazugehörige Katalog mit dem wahrscheinlich ironisch gemeinten Untertitel *„Lokale Anthropologie als Beitrag zur Wiederentdeckung einer neuzeitlichen sakralen Topographie"* sind unschätzbare Vorarbeiten und Materialsammlungen auf dem Weg zu einer Chronik des Monte Verità. Zugleich hat Szeemann ein Symbol gefunden, das die Vielzahl der Kreise, Lebensgemeinschaften, Gruppen und Grüppchen trefflich abdeckt: Die Plastik der Artemis von Ephesos, mit dem mit Eiern besetzten Brustwams als Zeichen der Fruchtbarkeit.

„Die Mamellen", schreibt Harald Szeemann, „tragen Na-

men, sie sind identisch mit den Antworten der in Ascona erprobten Utopien als Antwort auf die Zeitprobleme."
Verschaffen wir uns erst einmal, ehe wir ins Detail, gehen, so etwas wie eine chronologisch gegliederte Übersicht.
Zuerst kamen die Anarchisten: der Russe Michail Bakunin, seit 1869 im Locarnese ansässig, oder Erich Mühsam, der später auf grauenvolle Weise von den Nazis zu Tode gefoltert wurde. Ihm fiel hier die Vision einer Republik der Heimatlosen und des schöpferischen Lumpenproletariats ein. Auch jene Gruppe um Henri Oedenkoven, Ida Hofmann und die Gräser-Brüder gehören im weiteren Zusammenhang unter dieses Namensschild, dann die Anhänger einer Landauerschen sozialistischen Siedlungsidee, die 1919 in Minusio zu verwirklichen versucht wurde, endlich auch im weiteren Dunstkreis Fritz Jordis und Heinrich Vogelers Fortsetzung der in Worpswede aufgehobenen Barkenhoff-Kommune in Fontana Martina.
Auf einer weiteren Mammelle lesen wir die Aufschrift „Erneuerungsbewegung", Gruppen, die über das bessere Individuum eine bessere Menschheit zu schaffen versuchten. Das beginnt mit der 1889 von Franz Hartmann und Alfredo Pioda gegründeten *vegetabilischen Kolonie*, setzt sich fort mit der Schule für Lebenskunst als Teil der *Individualistischen Cooperative* des Rudolf von Laban (1913) und dem 1917 von Theodor Reuss organisierten Kongreß des *Ordo Templis Orientis*. Was da als großer Erneuerungsplan, als Reform fast aller Bereiche des gesellschaftlichen Lebens (Emanzipation der Frau, gesunde Ernährung, Ritual- und Kulttanz, Wohnreform, Kleiderreform, freie Liebe, Schreibreform) diskutiert wird, wird von den Faschisten nach 1933 als „judo-marxistische Weltverschwörung" denunziert, wobei interessant ist, daß sich die Nazis in nicht unerheblichem Maße aus diesem Katalog der Reformideen bedienten.
Dann ist da die tragische Gestalt des Otto Gross, der in Ascona die autoritäre Vatergesellschaft analysiert und selbst schließlich deren Opfer wird. In den Jahren des Ersten Weltkrieges kommen die Dadaisten Hugo Ball, Emmy Hennings und Hans Arp nach Ascona, die Bauhausleute, unter ihnen Paul Klee, Gropius und Schlemmer, entdecken Ascona als Urlaubsort mit besonderem Flair. Die Dichter James Joyce und Rainer Maria Rilke und Klabund waren in den Kriegsjahren dort.
Hermann Hesse war 1917 schon in Arcegno gewesen und lebte dann vom Frühjahr 1919 bis zu seinem Tod 1962 ständig in Montagnola bei Lugano, aber schon 1910 hatte er den *Berg der Wahrheit* zu einer Badekur besucht. In Ascona erlebte er eine Bekehrung im „Ashram" Gustav Gräsers. Hier liegen die Wurzeln seines Indien-Mythos.
Das Ende der zwanziger Jahre bringt eine einschneidende Veränderung: die Lebensreformer räumen das Feld, Bankiers und Industrielle mit Kunstverstand rücken nach. Baron Eduard von der Heydt wird neuer Besitzer des Berges. Zu Beginn der Nazi-Zeit stirbt Stefan George in Minusio, der Dramatiker Georg Kaiser an ihrem Ende auf dem Monte Verità. Locarno wird 1925 Unterzeichnungsort eines Friedenspaktes, Ascona 1945 zum Platz, an dem der Oberbefehlshaber der deutschen Truppen vor dem Amerikaner Allan Dulles kapituliert. Von da an wird Ascona Touristenort und Alterssitz und Sterbeort vieler der frühen Asconeser.
Wir nennen hier, um wenigstens eine Übersicht zu geben, ohne Anspruch auf Vollständigkeit – mehr ist vom zur Verfügung stehenden Platz her nicht möglich, – die Namen der wichtigsten Schriftsteller mit den Jahreszahlen ihres Aufenthalts in Ascona:
Emil Ludwig (1912), Oskar Maria Graf (1913), Friedrich Glauser (1919), Max und Alfred Weber (um 1914), Hans Morgenthaler (1922), René Schickele (1926), Ignazio Silone (ab 1930), Erich Toller, Kurt Tucholsky, Leonhard Frank, Johannes Becher und Ernst Bloch (1933/34), Walter Mehring, Peter Weiss (1938/39), Robert Neumann. Unberücksichtigt blieben in dieser Aufzählung die Tänzer, Schauspieler, Maler und Architekten.

Anarchismus unter Palmen: „Hier weiß das Volk, daß eine Befreiung von Staats- und Kirchendruck möglich ist."

Nun ins Detail: Bakunin kam ins Tessin aus Genf, um einen ruhigen, wohl auch preiswerten Wohnort bei angenehmem Klima zu finden. In Locarno traf er sich mit dem damals 22jährigen Netschajew, in Locarno übersetzte er das „*Kapital*". Im Herbst 1873 organisiert sich in der Villa Baronata bei Minusio in Anwesenheit und unter Teilnahme des italienischen Anarchisten Malatesta eine nach kommunistischen Prinzipien organisierte Kommune. Zwei Schiffstunden von der italienischen Grenze entfernt, war dies ein bequemer Ort, um Versammlungen abzuhalten und von der Polizei verfolgte Revolutionäre zu verstecken. Von der *Baronata* aus, für deren Ausbau er sich finanziell völlig ruiniert, stürzt sich Bakunin, gewissermaßen zur Rehabilitierung, in die geplante Revolution von Bologna, die noch vor ihrem eigentlichen Beginn scheitert, worauf er verkleidet über den Splügen in die Schweiz zurückkehrt.
Erich Mühsam (1878 – 1934) scheint 1904 nach Ascona gekommen zu sein, weil er in Berlin von der preußischen Polizei wegen homosexueller Neigungen bespitzelt wurde. Er kam zusammen mit seinem Freund Johannes Nohl, dem schwarzen Schaf einer Berliner Professorenfamilie. Die Stimmung, die zu dieser Flucht führte, gibt Mühsam im ersten Satz von *„Ascona. Eine Broschüre"* so wieder: „Berlin lag mir schon wieder derart im Magen, daß ich ehrlich froh war, als es mir auch im Rücken lag." 1906 wird er das Stück *„Die Hochstapler"* verfassen, in dem dargestellt wird, wie anhand des Schwindels mit einer in Ascona angeblich sprudelnden Erdölquelle die „Mutter Erde" zum Spekulationsobjekt kapitalistischer Ausbeuter erniedrigt wird. Für den aus dem Norden Anreisenden

sind die „Grenzitaliener mit den dunklen offenen Augen und der frohen Lebensselbstverständlichkeit" das Gegenbild zur „Schlappheit" des deutschen Bürgertums und Proletariats. „Hier weiß das Volk, daß eine Befreiung von allem Staats- und Kirchendruck nur möglich ist durch das Einsetzen jeder einzelnen Persönlichkeit, durch Verweigerung der Arbeitskraft – durch den Auszug auf den heiligen Berg." Zu einem wichtigen intellektuellen Einfluß werden für Mühsam die Lehren des Psychoanalytikers Otto Gross, von dem später noch zu reden sein wird. Gross' Aussagen über das Wesen der Eifersucht und des Zwangscharakters, so erklärt Mühsam, seien seinen eigenen Vorstellungen sehr nahe gekommen: „Für mich selbst gehörte die Befreiung der Persönlichkeit von den gewaltigen Bindungen des Liebeslebens von jeher als organischer Bestandteil in das Programm der Befreiung des Menschen von jedem knechtischen Druck." Mühsam stand den lebensreformerischen Idealen auf dem Monte Verità, von dessen Gründern noch zu reden sein wird, distanziert gegenüber. Seine erste Begegnung mit den Asconeser Lebensreformern schildert er eher spöttisch: Von Benzingestank umgeben, „flog eine menschliche Gestalt vorbei, ein verzeichneter Christus, Bart und Mähne im Wind flatternd, Leinenkittel, Leinenhose bis zu den Knien, die behaarten Beine nackt, und die Sandalen auf den Pedalen eines ungefügen fauchenden Motorrads."

Der Vegetabilismus reizt Mühsam zu einem „alkoholfreien Trinklied" mit dem Refrain: „Wir essen Salat, ja wir essen Salat / Und essen Gemüse früh und spat."

Mühsam aber entdeckte in Ascona einen neuen Typ des sozialen Aufrührers: den Banditen, den primitiven Rebellen. Man muß dazu wissen, daß für die Theoretiker der kommunistischen wie der anarchistischen Revolution die Frage, von wem sie ausgehen, wer sie tragen werde, von entscheidender Bedeutung war.

Für Mühsam „fällt mit Kain die erste Revolte mit dem ersten Verbrechen zusammen", und in „*Ascona. Eine Broschüre*" heißt es programmatisch:

Mir scheint Ascona zu einem weit erstrebenswerteren, wenn auch neuen und vielleicht recht absonderlichen Experiment der geeignete Ort zu sein. Die Menge außergewöhnlicher Erscheinungen, die schon jetzt hier ihren Wohnsitz haben, in Verbindung mit dem duldsamen, freiheitlichen Charakter der eingesessenen Bevölkerung und der relativ geringfügigen Belästigung der Bewohner durch die staatlichen Gewalten im Kanton Tessin, prädestiniert Ascona zu einer Sammlungsstätte solcher Menschen, die infolge ihrer individuell gearteten Veranlagung ungeeignet sind, jemals nützliche Glieder der kapitalistischen menschlichen Gesellschaft zu werden. (...) Verbrecher nennt die Bürgersprache diese Zerbrecher (...) Diese Tugend (der Auflehnung) selbst zwingt sie, von neuem zu rebellieren, bis man sie wieder und nochmals faßt und sie endlich wegen ihres bißchen Menschenbewußtseins langsam totpeinigt. Daher (...) wünsche ich in tiefster Seele, Ascona möchte einmal ein Zufluchtsort werden für entlassene oder entwichene Strafgefangene, für verfolgte Heimatlose, für alle diejenigen, die als Opfer der bestehenden Zustände gehetzt, gemartert, steuerlos treiben, und die doch die Sehnsucht noch nicht eingebüßt haben, unter Menschen, die sie als Mitmenschen achten, menschenwürdig zu leben.

Merkwürdige Wünsche für Ascona, wenn man sich im heutigen Städtchen umsieht!

Naturmenschen. Bußprediger, Vegetarier, Kleider- und Schriftreformer

Sind wir mit Mühsam und Landauer in ein anarchistisch-expressionistisches Munitionslager geraten, so waren die Vorstellungen, Wünsche und Utopien der eigentlichen Gründer viel harmloserer Natur.

Henri Oedenkoven war der Sohn eines reichen belgischen Fabrikanten. In der Naturheilanstalt von Arnold Rikli in Oberkrain, Österreich, traf er im Sommer 1899 die schon nicht mehr ganz junge Klavierlehrerin Ida Hofmann. Als sie sich im Oktober in München wiedersahen, versammelte sich da schon außer den beiden ein ganzer Kreis von Aussteigern, nämlich die Brüder Karl und Gustav Gräser, Lotte Hattemer, ein aus einer preußischen Beamtenfamilie durchgebrannntes junges Mädchen und Jenny, Idas Schwester. Die also im Geist des Antikonventionellen Versammelten beschließen, irgendwo an den oberitalienischen Seen eine genossenschaftliche Ansiedlung zu gründen, ein Natursanatorium, eine Lebensschule für jene, die wie sie mit den Umgangsformen der bürgerlichen Gesellschaft brechen wollen.

Sie fanden schließlich jenen „Hügel von 350 Meter absoluter Höhe und 150 Meter über dem Lago Maggiore, im Mittelpunkt dreier Thäler gelegen, im weiteren Umkreis von schneebedeckten Bergen umkränzt und fern allem höllischen Getriebe und den Übelständen der Städte" über Ascona, der damals noch Monescia hieß, und auf dem eine, bei der Landflucht im 19. Jahrhundert aufgegebene und verfallene Siedlung stand. Henri Oedenkoven kaufte Grund und Boden für 150 000 Franken und ließ den Besitz auf seinen Namen eintragen. Vom Temperament her, aber auch in Hinblick auf das, was da konkret entwickelt werden sollte, herrschten in der Gruppe von Anfang an große Meinungsverschiedenheiten. Ida und Henri wollten eine Naturheilanstalt, die anderen eigentlich vor allem „aussteigen". Immerhin entstanden noch im Sommer 1901 zahlreiche Lufthütten, begann man mit dem Bau eines Speisesaals und hatte 300 Obstbäume gepflanzt. Es kam aber ständig zu den in solchen Gruppierungen wohl unvermeidlichen Krächen. Henri und Ida sowie Jenny und Karl lebten, wie es im Dorf hieß, in „vegetarischen Ehen" zusammen, d. h. in solchen, die weder kirchlich noch behördlich abgesegnet waren.

Die wohl merkwürdigste Persönlichkeit in der Gruppe, Gustav Gräser, verließ den Berg, kehrte nach ruhelosem Herumwandern aber wieder zurück, erhielt von der Gemeinde Losone ein Grundstück zu kostenloser Nutzung und lebte schließlich abseits des Berges als Naturmensch in einer Höhle. Konsequent wurde von Oedenkoven der Aufbau der Naturheilanstalt vorangetrieben, wobei er bald die zunächst urkommunistischen Vorstellungen aufgab, denn man brauchte, als das Unternehmen zu florieren begann, Mitarbeiter und bezahlte Angestellte. Fanatisch durchgehalten wurde schließlich nur noch der Vegetarismus. Als Henri und Ida 1909 den Sanatoriumsbetrieb einstellten, sorgten längst andere Kreise, Zirkel, Sekten und Gruppen dafür, daß im Sinne des Satzes aus der Walpurgisnacht aus Goethes „Faust" der Berg zaubertoll blieb.

Die tragische Lebensgeschichte eines Mannes, dessen Name schon gefallen ist, können wir nur skizzieren: Otto Gross. Als Sohn des berühmten Grazer Kriminologen Hans Gross 1887 geboren, wurde er als Kind gehätschelt und von Privatlehrern erzogen. Otto studierte Medizin. Es ist wahrscheinlich von Bedeutung für die späteren Auseinandersetzungen zwischen Vater und Sohn, daß Hans Gross ex kathedra vorschlug, Homosexuelle, Zigeuner, Ladendiebe und Revolutionäre unter die Kategorie „Degenerierte" einzuordnen. Er fand, diese Leute seien „geistig" Verkrüppelte, es reiche nicht aus, sie zu bestrafen, man müsse sie in die afrikanischen Kolonien deportieren. 1899 promovierte Otto und reiste als Schiffsarzt nach Südamerika. Um diese Zeit scheint sein Drogenkonsum, aber auch sein Interesse an der Psychoanalyse Freuds, eingesetzt zu haben. Er begann eine steile Karriere als Psychoanalytiker und Nervenarzt. Erich Mühsam nannte Otto Freuds bedeutendsten Schüler.

Die Konflikte mit dem Vater spitzten sich jetzt immer mehr zu. Otto hatte geheiratet. 1906 –1908 habilitierte er sich zum Privatdozenten für Psychopathologie. Seine Lebenshaltung, die Sanktionierung des Rauschgiftgenusses, die Forderung nach hemmungslosem Ausleben der Sexualität, sein Plädoyer für das Matriarchat als Voraussetzung für das Paradies auf Erden, der Aufruf zur Befreiung von jeglicher Autorität, wurden für seine bürgerliche Umgebung immer mehr zum Ärgernis. 1908 wurde er von Sigmund Freud in die Heilanstalt Burghölzli in Zürich eingewiesen, „um unter ärztlicher Überwachung eine Entwöhnung von Opium und Cocain durchzuführen". Behandelnder Arzt ist C.G. Jung. Die Begegnung Jung – Gross endet mit der Diagnose „Dementia praecox" und der Flucht von Gross aus der Anstalt. Zwischen 1905 und 1911 werden Ascona und der Berg für Otto immer mehr zu dem Ort, um seine Vorstellungen umzusetzen, sie zu lehren. Er träumt davon, dort eine Hochschule zur Befreiung der Menschheit zu errichten.

Er ist am Sterben zweier Frauen beteiligt, denen er dort die zum Selbstmord nötige Dosis Gift verschafft. Gross taucht unter, macht aber im Sommer 1911 in Wien eine Entziehungskur. Von nun an ist er ständig auf der Flucht. Noch 1911 wird eine Fahndung nach ihm ausgeschrieben, und zwar auf Veranlassung seines Vaters. Im Frühjahr 1912 schickt Otto Gross an den Arzt und Sozialisten Fritz Brupbacher einen Brief, in dem er den Plan zur Gründung einer Zeitschrift für Psychologie und Anarchismus erwähnt. Im Frühjahr 1913 geht Gross nach Berlin. Wegen eines Textes über die gesellschaftliche Funktion des Anarchismus wird er verhaftet und als geisteskranker Anarchist nach Österreich ausgewiesen, wo ihn der Vater in der Privatirrenanstalt Tulln bei Wien internieren läßt. Eine Pressekampagne löst das Gerücht aus, Anarchisten hätten vor, ihn aus der Anstalt zu befreien. Er wird daraufhin in die Schlesische Landesirrenanstalt in Troppau verlegt. Der Erste Weltkrieg beginnt. Gross tut Kriegsdienst in Militärspitälern. Das Kuratel wegen Wahnsinn wird schließlich in ein solches wegen geistiger Anomalie umgewandelt. 1920 findet man Otto Gross in Berlin in einem Lagerhaus mit Entzugserscheinungen und einer Lungenentzündung. Er stirbt kurz darauf in einem Krankenhaus in Pankow. Der Leidensweg des Mannes, den die einen als genialen Gelehrten, begnadeten Psychoanalytiker und Philosophen feierten, die anderen als gemeingefährlichen Geisteskranken internieren und entmündigen ließen, war zu Ende. In gewissem Sinn ist sein Weg bezeichnend für die Gratwanderung, die viele der Männer und Frauen, die den Hügel über Ascona zum Monte Verità machten, gegangen sind.

Ein Bankier kauft den Berg der Wahrheit

Aber es gab da auch einen anderen Typus: den kunstsinnigen Bankier. So Eduard Freiherr von der Heydt, gebürtig in Elberfeld, Sohn aus einer alten Bankiersfamilie, Berater des letzten deutschen Kaisers in Finanzfragen und Erbe einer Kunstsammlung mit Werken von Renoir, Courbet, Daumier, Van Gogh und Gauguin, die auch 28 Gemälde von Paula Modersohn-Becker und 50 Werke der Schweizer Hodler, Amiet und Giacometti enthielt.

1926 war er bei einem Besuch in Locarno der Malerin Marianne von Werefkin begegnet. Diese hatte ihn auf einen Spaziergang über den Berg mitgenommen. Die Gebäude der verschiedenen frühen Gruppen und Sekten standen noch, befanden sich aber in ziemlich verwahrlostem Zustand. „Den Besitzern", schreibt im Monte-Verità-Katalog launig Willy Rotzler, „war das Geld ausgegangen, das sich selbst für das edelste System menschlichen Zusammenlebens als notwendiges Übel herausgestellt hatte."

Kurz danach kaufte von der Heydt das Grundstück auf dem Berg für 320 000 Franken. Die Nachricht löste Spekulationen darüber aus, ob etwa der deutsche Kaiser von Doorn in Holland ins Tessin übersiedeln wolle. Ein Hotel stand zu dieser Zeit schon. Der neue Besitzer ließ es ausbauen, und es wurde in den Jahren danach „eine Art halbprivates vornehmes Sanatorium", dessen Besucher deutsche Adlige, Industrielle, Bankiers, aber auch Professoren wie Alfred Weber, Schriftsteller und zahlreiche lehrende Künstler des Bauhauses wurden, in dem aber auch Eduard von der Heydt selbst wohnte. Von der größten privaten Kunstsammlung im damaligen Deutschland brachte von der Heydt nur seine persönlichen Lieblingsbilder mit nach Ascona. Schade insofern, als die in

Deutschland verbliebenen Teile der Sammlung während des Zweiten Weltkrieges durch Bombenangriffe zerstört worden sind. Die tatsächlichen Gründe, die von der Heydt zum Kauf des Geländes bewogen haben, haben sich nie genau klären lassen. Vielleicht waren für den Kauf steuerliche Gründe oder ganz nüchterne finanztechnische Erwägungen von Bedeutung. Vielleicht wollte der Baron, der eben geschieden worden war, hier einen neuen Lebensabschnitt beginnen. Wozu von der Heydt den Monte Verità hingegen machen wollte, ist ziemlich klar, nämlich zu einem „Weltdorf", „einer internationalen Drehscheibe, auf der sich Society, Politik, Finanz, Kultur, Weltanschauungen vorurteilslos treffen und mischen konnten". Und das ist ihm in den Jahren bis zum Ausbruch des Zweiten Weltkrieges auch weitgehend gelungen, wobei sich nun der Berg immer mehr zu einer Art „freier Akademie" entwickelte. Schwierigkeiten kamen, als man von der Heydt zwischen 1939 und 1943 Kontakte zu Hitler und Unterstützung der Nationalsozialisten durch Geldüberweisungen an eine deutsche Nachrichtenagentur in Übersee nachsagte. Sein 1937 erworbenes Schweizer Bürgerrecht wurde vorübergehend suspendiert. Das Verfahren gegen ihn mußte zwar schließlich mangels Beweisen eingestellt werden. Doch blieb ein Schatten eines Verdachtes. Der Baron hatte sich inzwischen in die kleine Casa Maya in Saleggio zurückgezogen. Dort starb er im April 1964 vereinsamt und als gebrochener Mann. Jener Teil seines Vermögens, der sich in den Vereinigten Staaten befunden hatte, war nach dem Zweiten Weltkrieg von den amerikanischen Behörden beschlagnahmt worden. Schwerer wog die Konfiszierung von 44 ostasiatischen und altamerikanischen Kunstobjekten und einer Sammlung schweizerischer Volksmasken, die sich als Leihgaben in einem Museum in Buffalo befanden.
Von der Heydt hatte vor, sie dem Rietberg-Museum in Zürich zu schenken.
In einem Gerichtsverfahren in den USA wurde von der Heydts Schweizer Staatsbürgerschaft nicht anerkannt und ihm vorgeworfen, er habe „als Individuum wie als Bankdirektor in aktiven Handelsbeziehungen mit dem Feind" gestanden. Der Rechtsstreit zog sich vor verschiedenen Instanzen in den Vereinigten Staaten bis 1962 hin. Er endete damit, daß die Sammlung vom amerikanischen Staat dem *Smithonian Institute* in Washington zur freien Verfügung übergeben wurde. Der Sammler von der Heydt empfand das als einen Willkürakt. Da er über die Objekte eine Schenkungsurkunde zu Gunsten des Rietberg-Museums ausgestellt hatte, war seine Ehre angetastet.
Das Pendant zu von der Heydt und seinen Aktivitäten auf dem Berg war Max Emden, der Warenhausbesitzer aus Hamburg, der der Baronin Saint-Léger die Brissago-Inseln abkaufte. Der Volksmund von Ascona reimte:

Während sie in den von Heydt-Klausen,
noch in einem Anflug von Kleidern hausen,
zogen sie im Emden-Haus
noch die letzten Hemden aus.

Eranos oder Eine Dressur-Reiterin sammelt Philosophen

Ebenfalls in den Kreis derer, die in Ascona eine wie immer geartete Begegnungsstätte großer Geister machen wollten, gehört eine Frau, mit deren Portrait wir den Reigen ungewöhnlicher Asconeser Persönlichkeiten beenden: Olga Fröbe-Kapteyn.
1881 in London als Tochter eines holländischen Ingenieurs geboren und in England aufgewachsen, muß sie schon als junges Mädchen eine bemerkenswert kühne und unabhängige Person gewesen sein. Ihr zu Abenteuern neigendes Wesen führte unter anderem dazu, daß sie sich zur zirkusreifen Dressurreiterin ausbilden ließ. 1907 fuhr sie das Sommerskirennen auf der Silvretta mit. Sie heiratete einen Österreicher, der während des Ersten Weltkriegs bei einem Flugzeugabsturz ums Leben kam. Aus der Ehe gingen zwei Töchter hervor. Im August 1924 hatte Frau Fröbe an einem Kurs teilgenommen, den Martin Buber auf dem Monte Verità über Lao-Tse gehalten hatte. Freundschaftlich verbunden war sie in diesen Jahren mit den Theosophen Krishnamurti und mit Ludwig Derleth. 1920 erwarb ihr Vater das Seegrundstück mit der Villa Gabriella und vererbte es an die Tochter. 1928 wurde daraus die Villa Eranos. Olga Fröbe hatte den Plan gefaßt, eine Gemeinschaft von Rednern unter ihrem Dach zu versammeln. Entscheidend war wohl 1930 eine Begegnung mit C. G. Jung auf einer Tagung der *Schule der Weisheit* des Grafen Hermann Keyserling in Darmstadt.
Ausgerechnet im Jahr 1933 fand das erste Eranos-Treffen statt. Der Akzent, von Jung, aber auch von dem in Heidelberg lehrenden Religionsforscher Rudolf Otto vorgegeben, lag zunächst auf der Auseinandersetzung mit östlichen und westlichen Weisheitslehren, ein damals noch wenig beackertes Themenfeld.
Diese Zusammenkunft fand einmal im Jahr während neun Tagen im August statt. Olga Fröbe ließ gleich zu Anfang auf ihrem Grundstück einen Vortragssaal errichten, in dem etwa 150 Personen Platz fanden und bekundete damit, daß die Beiträge auf einen größeren Kreis wirken sollten. Heute hat jeder freien Zugang, und man kann auch einzelne Vorträge während der Tagung besuchen.
Vor ihrem Tod 1962 hatte Olga Fröbe Eranos in eine Stiftung umgewandelt, in der es 1988, gewissermaßen in guter asconesischer Tradition, zum Konflikt kam. Das Präsidium wollte damals die jährlichen Tagungen einstellen und sich statt dessen ausschließlich mit dem chinesischen Orakelbuch, dem I-Ging, beschäftigen, ein Vorschlag, dem eine Mehrzahl von Rednern und Teilnehmern widersprach. 1989 wurde die Vereinigung *Amici di Eranos* gegründet, die die Symposien wieder aufleben ließ, allerdings an wechselnden Orten, nicht mehr im alten Vortragssaal am See, sondern in der Casa Serodine und dem *Collegio Papio*, also alle im Dunstkreis des Monte Verità.

Der Comer See im Abendlicht. Ein Bühnenbild für ein Theaterstück aus dem Fin de siècle. Reicher Graf verliebt sich in arme Seidennäherin. Treffpunkt: Auf der Uferpromenade, bei den Kopfweiden.

Der Lago di Lugano hat viele Gesichter: sonnig und heiter, Idylle, blanke, die Wolkenbilder spiegelnde Wasserfläche …

Sich in Nachtschwärze einschließende Berge, die zu dieser Stunde Spiegelbilder einer versunkenen Welt zu sein scheinen.

Nächste Seite:

Am Lago di Lugano. Der Blick geht von Brusino nach Morcote. Die Bergketten im blauen Dunst scheinen unübersteigbar.

Lago di Lugano. Blick auf den San Salvatore und den Damm von Melide. Nachdem die Dampfschiffe schon jahrelang durch dieses Hindernis zwischen dem oberen und unteren See gefahren waren, führt seit 1874 eine Eisenbahnlinie über den Damm. Sie stellt die wichtigste Verkehrsverbindung zwischen dem St. Gotthard und Chiasso dar.

Die Spannungselemente Berge und Wasser, die die Landschaft des Tessins beherrschen, sind hier am Lago Maggiore bei Baveno wie in einem abstrakten Bild ausgestellt.

Immer wieder erheben sich auf Inseln, hier ist es die Isola San Giulio im Lago d'Orta, Paläste inmitten südlicher Gärten und Parks.

Jeden Abend verwandelt sich Lugano und seine weitere Umgebung in ein riesiges, in vielen Farben funkelndes Schmuckstück. Wir betrachten es hier von der Höhe des Monte Brè.

Die nächtliche Landschaft des Lago Maggiore mit Stresa und den Borromäischen Inseln erinnert an Ernest Hemingways Roman „In einem andern Land".

Nächste Seite:

Die Isola dei Pescatori im Lago Maggiore fand Gustav Flaubert im vorigen Jahrhundert „ravissante“ in ihrer ursprünglichen „naivité“. Heute hat sich die Insel in eine Touristenfalle verwandelt.

Blick auf Brissone beim Damm von Melide am Luganer See. Was soll man dazu sagen? Der Phantasie sind für die Verwandlung der Realität keine Grenzen gesetzt.

Morcote, das ehemalige Fischerdorf an der Südspitze der Arbòstora-Halbinsel, als „Burgus de Morcoe“ 926 schon erwähnt, wird auch „das Schmuckkästchen des Tessins“ genannt. Der Attraktionen hier sind viele. Besuchen sollte man unbedingt die über 313 Stufen zu erreichende Pfarrkirche S. Maria del Sasso und den berühmten terrassierten Friedhof.

Den ganzen Reiz der Landschaft um den Lago di Como gibt dieser Blick über Bellagio wieder: Liebliche Buchten, Palazzi in südländischen Parks, in der Ferne der graue dräuende Fels und schneebedeckte Spitzen.

Nächste Seite:

Die Isola Bella im Lago Maggiore bietet italienische Gartenkunst mit einer manieristischen Barock-Komposition. Sie umgeben den Palast der lange in dieser Region herrschenden Adelsfamilie Borromeo, die die Insel durch Erweiterung eines Felsenriffs überhaupt erst schuf.

An einem schönen Tag durch den italienischen Park auf der Isola Bella zu spazieren, wird bei jedem Garten- und Architekturenthusiasten die Vorstellung wachrufen, dem Paradies nahe zu sein.

Von Lugano und seinem See oder Italien ist nie sehr fern

Erlauben Sie mir, daß ich Ihnen Lugano so vorstelle, wie ich es kennengelernt habe! Wir kommen mit der Eisenbahn an und lassen es Abend sein. Wir treten aus der Station der Schweizerischen Bundesbahn, überqueren die Straße und begeben uns in das Gebäude über der Endstation der Ferrovia Ponte Tresa. Es sollte die Stunde sein, zu der es dunkel zu werden beginnt. Jene Minuten, in denen die Lichter angehen. Wenn dieser Augenblick noch nicht gekommen ist, werden wir auf ihn warten. Denn dies ist der Moment des Wunders. Ich will nicht behaupten, daß man nirgends in Lugano besser speist als im *Ristorante Bar Pizzeria Stazione,* wohl aber, daß man von hier aus auf die nächtliche Stadt einen Ausblick hat, den man nie vergessen wird. Es ist eine Orgie in Romantik: unbeschreibbar, unmalbar, unfotografierbar – Gott sei Dank! Ich werde in etwa schildern, was Sie sehen werden, aber damit kann ich nur einen schwachen Abglanz von dem tatsächlichen Ausblick vermitteln. Sehen müssen Sie es irgendwann selbst. Es gehört entschieden mit zu den schönsten Szenerien, die sich im Tessin entdecken lassen. Da sind die Lichter der Stadt, die in der Bucht, im Wasser des Sees, reflektiert werden. Da ist der Hafen. Links in halber Ferne sieht man nachtverhüllt, aber mit Lichtstaub übersprüht, den Monte Brè, dahinter jener Zipfel des Sees, an dem das ehemalige Fischerdorf Gandria liegt und auf der anderen Uferseite dann der Ort mit dem Schweizerischen Zollmuseum. (Die Gegend lebte früher weitgehend vom Schmuggel. Wie es heute aussieht, darüber enthalte ich mich besser eines Urteils.) Folgte man diesem Arm des Sees, so käme man an eine Stelle, an der nur ein schmaler Streifen Land den *Lago di Lugano* vom *Lago di Como* bei Menaggio trennt. Blicken wir nach rechts, liegt da der mit einer einzigen Lichterkette behangene Monte San Salvatore, und die Lichter dahinter, die schon nahezu in Nachtschwärze ertrinken: Sie könnten zu Campione d'Italia gehören, jener italienischen Enklave in der Schweiz, in der man viel Geld gewinnen oder verlieren kann.
Es ist auch der Ort, um ein paar Sätze über den See zu sagen, der für Lugano und sein Umland von besonderer Bedeutung ist.

Ein schlankes und sonderbares Geschöpf, das sich in dichter Verwirrung zwischen Bergen, Vorgebirgen und Abhängen hindurchschlängelt und windet mit der raschen Anpassungsfähigkeit gewisser wilder Jugendlicher, in einem Augenblick verschmälert er sich bachähnlich, um sich in einem anderen plötzlich förmlich auszuschütten, wie dieser wilde See unseres Herzens, wenn die Angst weicht,

so hat ihn Francesco Chiesa beschrieben.
Und die Landschaft schildert Tullio Dandalo vor hundertfünfzig Jahren in seinen „*Lettere ad Erminia*“:

Stell dir eine sehr ruhige, wie ein blanker Spiegel glänzende Oberfläche vor, die einerseits von kahlen, andererseits von waldigen, Schatten werfenden Bergen gesäumt ist, brennende Feuer auf den Anhöhen, kleine Ansiedlungen am Ufer, füge noch etwas Transparenz hinzu, jene Ausgeglichenheit des Lichtes, jenes gewisse Etwas, wie es Landschaftsmaler wiedergeben, was aber nicht leicht ist, in Worten auszudrücken, selbst wenn man es stark empfindet.

Urbanisierung und Ausbau der Infrastruktur haben dieses Bild seither gewiß verändert, aber hier und da ist der Zauber, den es beschwört, dennoch erhalten geblieben.

Ceresio: Der geheimnisvolle Name des Sees und der Region

Bleibt der Name für den See, der manchmal für die gesamte Region an seinen Ufern angewendet wird: Ceresio. Er taucht zum ersten Mal in einer Chronik des Gregorius von Tours aus dem 6. Jahrhundert auf: „*stagnum quod vocant Ceresium*“ (ein Teich, den man Ceresio nennt).
Nach Gaetano Polari ist *ceresio* ligurischen Ursprungs und bedeutet „geschlossenes Wasser“. Calloni hingegen vermutet zwei Ursprünge: ceresio aus *Cerere* oder aus dem antiken Cerasonte (Cerasus), wie Lugano am Ufer einer heiteren Bucht gelegen.
Einleuchtender klingt die Deutung des Philologen Carlo Salvioni, der den Namen von dem Wort *cerasa* (Kirsche) ableitet, da die Kirschbäume hier sehr zahlreich gewesen sind. „Tatsächlich verraten im Frühling“, schreibt Alice Moretti, „die weißen Blüten in den Wäldern des San Giorgio und des Arbòstora heute noch die wilden Kirschbäume, deren winzig rot-schwarze Früchte einst die Kinder aßen.“
Nachdem wir vor dem Nachtbild Luganos lange genug in bewunderndem Schweigen verharrt haben, – ein Glas eines guten Weines steigert natürlich die Qualität der blauen Stunde noch beträchtlich, (ich schlage vor, wir wählen einen *86er Merlot Poggio del Cinghiale, Francesco Franchini, Lamone*) – machen wir noch ein paar Schritte bis zur *Piazzale della Stazione* und fahren mit einer blauen Zahnradbahn hinab, mitten ins Herz der Stadt, auf die Piazza Ciocaro. Dabei prägt sich uns etwas ein, was für die Tage unseres Aufenthalts wichtig sein wird: Lugano hat eine Ober- und eine Unterstadt. Das bedeutet, wir müssen, je nach Lage unseres Quartiers, ein paarmal bergauf und bergab. Für den Aufstieg sind die Treppen neben der Kirche *Santa Maria degli Angioli* schon fast so etwas wie ein Fitneß-Parcour. Das Bähnchen, mit dem wir heruntergekommen sind, auch aufwärts zu benutzen, ist bequemer. Sagen wir, es sei jetzt inzwischen zehn oder halb elf Uhr abends geworden, so werden wir die Innenstadt zwischen *Municipio* und *Sant'Antonio* wohl schon ausgestorben finden. Wenn es die warme Jahreszeit ist, kann man auf der *Piazza della Riforma* noch einen Espresso nehmen oder über die Seepromenade, immer den nächtlichen See vor Augen, bis Loreto spazieren. Es empfiehlt sich, nicht allzu spät ins Bett zu gehen, denn morgen haben wir einen anstrengenden Tag vor uns.
Beginnen wir ihn, indem wir einen Blick auf die imposanteste Ruine der Stadt, auf das Grand Hotel Palace, werfen. Es steht seit 30 Jahren leer. Nach einem jahrzehntelangen Erbstreit wechselte das Objekt mehrere Male den Besitzer. Vor zehn Jahren noch für ein Dutzend Millionen zu haben, dürfte es heute für die dreifache Summe gehandelt werden.

Spaziergang in einem Gemälde

Wenn wir nicht das Pech haben, vor verschlossene Türen zu geraten, weil gerade wiedermal im Innenraum gebaut oder restauriert wird, sollten wir wenigstens auf ein paar Minuten in die Kirche *Santa Maria degli Angioli* hineinschauen und auf dem Lettner das monumentale Wandbild der Passion und Kreuzigung Christi von Bernardo Luini (1529) betrachten. Silvano Colombo, Kunstgeschichtler aus Varese, hat von ihm eine Beschreibung gegeben, die ich wörtlich zitiere, weil sie auch mir geholfen hat, mich dem Sinn dieses allein von seiner Fläche her gewaltigen Kunstwerkes anzunähern. Er schreibt:

Man muß die starke Anziehung der zentralen Christusfigur überwinden und bis ans Ende weitergehen, wo auf der linken Seite der betende Christus im Garten Gethsemane zu sehen ist; wenn man noch weitergeht, findet man unter einer Vorhalle klassischen Stils Schutz: hier wird Christus ausgelacht, gequält und mit Dornen gekränzt; dann beginnt der Leidensweg unter der Last des Kreuzes, das Christus zugrunde richtet. Von jetzt an wird Christus im Vordergrund dargestellt, und ans Kreuz geschlagen, umgeben von einer Schar Engel, die mit ihren großen weißen und grauen Flügeln den Himmel beleben, ähnlich den Wolken, die dem tiefen Himmelsgrund Licht verschaffen. Die Kreuzigung drängt sich in den Vordergrund und besetzt die religiöse Theaterbühne, indem sie Pole zum Vorschein bringt und zwar nicht nur im dramatischen Sinn. Der linke Pol zeigt die Jungfrau, gestützt von frommen Frauen. Der rechte Pol zeigt die sich um das Purpurgewand des Judenkönigs streitenden Soldaten, womit sie den von ihnen verlachten Gekrönten bedeckt haben. Vom herausragenden Punkt des Kreuzes, das sich wie das Wasser am Ufer gespaltet hat, zieht sich die schmerzliche Welle wie im Sog zurück. Vom Kreuz gelangt man in den Hintergrund, wo der vom Kreuz genommene Christus im Schoß der Mutter ruht: eine rührende Pietät, die auf der Schwelle zum Grabe anhält, das nach der Geschichte vom Lazarus als Durchgangsort anzusehen ist. Das rührende Bild des Mutterleidens, das mehrfach in den Heiligtümern prealpiner Seen wiederkehrt, wie zum Beispiel in jenem von Caravina in der Valsolda oder in jenem noch berühmteren von Cannobio am Lago Maggiore. Ganz rechts schließlich finden wir Christus in einer würdigen Vorhalle wieder, im Begriff, sich Thomas zu offenbaren. Den Höhepunkt erreicht die Darstellung des Christus im letzten Szenenbild, nämlich in der Verklärung.[1]

Ich will dieser Einweisung in dieses Kunstwerk der Renaissance nur noch zwei winzige Hinweise auf Details folgen lassen, die den Einfallsreichtum und die Sorgfalt der Durchführung dokumentieren: Da ist jener junge

1 Il Ceresio, Il lago di Lugano, Fotografie Enzo Pifferi, Text Silvano Colombo, Beiträge von Alice Moretti, Luigi Ambrosoli, Raffaele Peduzzi, Lugano 1988

Mann, der zu Füßen des Kreuzes sitzt, so locker in der Gestalt, so nachdenklich im Ausdruck; oder man betrachte den weißen Hund, der zwischen den Beinen jenes Soldaten hindurchspringt, der sich über das Gewand des Erlösers gebeugt hat. Voll und ganz zu verstehen ist die Gestik dieses Freskos nur aus der Situation von Zeit und Ort, und es ist reizvoll, gerade hier einen Vergleich mit den Fresken der Romanik in der Leventina anzustellen.
Der Gläubige wird hier in der Kirche *Santa Maria degli Angioli* zu einer strengen Meditation über das Menschenleid und seine Erlösung angeleitet.

Über die Via Nassa zu dem Haus mit dem Baum auf dem Dach und ein Abstecher zu den Carbonari

Keinen größeren Gegensatz kann man sich vorstellen, als aus dem Kirchenraum über die Piazza Bernardino Luini in die Via Nassa, die Fußgängerzone und Luxusmeile Luganos, hinauszutreten. Verglichen hat man sie mit den Champs-Elysées in Paris, mit der „Kö" in Düsseldorf oder mit der Bahnhofstraße in Zürich. Ja, da ist Eleganz, da ist auch Flitter und Talmi, aber noch wird das alles von einer schönen Patina getragen. Noch findet man kleine Geschäfte, vor allem am Südende, Läden, die sich hier vielleicht schon fünfzig oder hundert Jahre behaupten und einen altmodischen Charme haben. Die Via Nassa endet auf der Piazetta San Carlo und an diesem, ihrem nördlichen Ende liegen die Feinkostläden, die teuren Schuhgeschäfte, die Juweliere und die Filialen der italienischen Haute Couture. Von dort aus überlasse ich Sie Ihrem eigenen Spürsinn, denn natürlich gibt es viele Gesichter Luganos: eine Vorstellung von dem, was die Stadt als Bankenplatz bedeutet, bekommt man beispielsweise durch die Architektur der Gebäude im Viertel hinter dem *Municipio.* Phantasievolle Läden findet man in den Treppenstraßen um die Piazza Dante, so in der Gasse, die zur Treppe von San Lorenzo hinaufführt. Eine Straße, die den Alltag dieser Stadt gut spiegelt, ist die Via Pretorio, wo man gleich zu Anfang auf eines der Bauwerke von Botta stößt, leicht zu erkennen an dem Baum, der auf dem Dach steht. Auf der Uferpromenade kommt man an unzähligen Anlegestellen für kleine und große Schiffe vorbei. Darüber sollte man nicht vergessen, die bemerkenswerten modernen Skulpturen von Arnoldi und Arp zu betrachten. Im Stadtteil Paradiso liegen die Nachtklubs, Bars und Dancings.
Oder vielleicht sind Sie inzwischen müde geworden, und es verlangt Sie nach etwas beschaulicher Ruhe. Dann sollten Sie sich in den Stadtpark begeben. Zuerst werfen Sie einen Blick auf die prächtige Villa Ciani. Das Gebäude, das heute ein im Umbau befindliches Museum beherbergt, hat eine bewegte Geschichte hinter sich, die auch auf den besonderen geschichtlichen Akzent der Region aufmerksam macht. Erbaut wurde sie für die Familie Farina und 1830 von den Ciani erworben. Die Familie stammte aus dem Bleniotal und hatte mit Handels- und Bankgeschäften in Mailand ein beträchtliches Vermögen erworben.
Vorangeschickt werden müssen einige Angaben zur relativ komplizierten historischen Entwicklung. Ein Eckpunkt ist hier das sogenannte Traktat von Varese aus dem Jahr 1752, das die Besitzverhältnisse in jener Region bzw. die Grenze zwischen dem zu diesem Zeitpunkt österreichischen Mailand und den helvetischen Kantonen festlegte. Nach dem Diktat Napoleons kam es dann Anfang des 19. Jahrhunderts zur Errichtung der „unteilbaren Helvetischen Republik mit achtzehn unterworfenen Landen". Für die italienische Schweiz bedeutete das, daß zwei Kantone geschaffen wurden, nämlich Bellinzona mit dem Blenio-, Riviera- und Leventinatal; und Lugano, Mendrisio und Locarno mit dem Maggiatal. 1803 verkündete Napoleon dann das Prinzip der Gleichheit aller Bundesgenossen und befürwortete die Bildung von sechs neuen Kantonen, unter anderem dem des Tessins, mit dem Ziel, die Bevölkerung der Bevormundung durch die Urkantone zu entziehen. Mit der Aufnahme des Wallis und des Juras kam es damals zur endgültigen Zusammensetzung der Eidgenossenschaft. Nach dem Sturz Napoleons, in der Restauration, versuchten die Urkantone ihre Sonderrechte, also ihre Vorherrschaft, die bis 1803 bestanden hatten, wiederherzustellen.
Im Kanton Tessin führte das zwischen 1814 und 1815 zu revolutionsartigen Unruhen, weil die Bundesregierung der Schweiz und ihrer Verbündeten in der Verfassung die eigenen Rechte des Kantons beschnitt. In den zwanziger Jahren des 19. Jahrhunderts kam es zu Spannungen zwischen der Kantonsregierung des Tessins und der österreichischen Regierung in Mailand, weil nun *Carbonari*, die in der Lombardei und in Venetien verfolgt wurden, in Lugano und Umgebung Zuflucht suchten. Durch die Initiativen der liberalen Bewegung in den folgenden Jahren, sah sich 1830 die bis dahin oligarchische Kantonsregierung schließlich gezwungen, zurückzutreten. Die Kantonsverfassung wurde gemäß den liberalen Forderungen, der Bürger müsse am Leben des Kantons und an den Entscheidungen, die sein Land betreffen, teilnehmen können, abgeändert. All dies zeigt, daß das politische Interesse und das Streben nach demokratischen Rechten in Lugano eine Tradition hat.
Die Brüder Ciani waren es auch, die das Hotel Béha und das Parkhotel bauen ließen. Sie wurden damit zu den Begründern der Fremdenindustrie in der Stadt. Es sind die Schilderungen von Gelehrten und Künstlern, die schon gegen Ende des 19. Jahrhunderts zur Entwicklung eines „elitären Tourismus" führten, bei dem das Aufkommen von Dampfschiffen, Drahtseil- und Pferdetrambahnen im Hinblick auf den Komfort des Reisens eine wichtige Rolle spielten. 1912 erwarb die Gemeinde Lugano für 1 775 500 Franken die ehemalige Heimstatt der Familie Ciani.
Verweilen wir, die gelbe Villa vor Augen, noch eine

Weile bei der Bedeutung der Schweiz und Luganos für das italienische Risorgimento. Damals wurden Bande der Freiheit zwischen der Eidgenossenschaft und den südlichen Nachbarn geknüpft, die noch lange ihre Auswirkungen hatten.
Die Schweiz nahm immer wieder politische Flüchtlinge aus Italien auf: von den Karbonaren bis hin zu den Opfern der Polizeiunterdrückung bei der Proklamation des Königreichs Italien 1860.
Die Traditionslinie, die mit der Französischen Revolution 1789 und dem Risorgimento begann, setzte sich durch die Zeiten hin fort.
1898, nach der von der italienischen Regierung veranlaßten Unterdrückung, suchten viele Italiener im Tessin Zuflucht, das sich gegenüber politisch Verfolgten aus diesem Nachbarland meist recht gastfreundlich zeigte. Zwar gibt es da den Fall des anarchistischen Rechtsanwalts Pietro Gori aus der Toskana, der von den Bundesbehörden ausgewiesen wurde und seinen Protest in einem schmachtenden Vers ausdrückte:

Addio cari compagni
Amici luganesi.
Addio bianchi di neve
Montagne ticinese.

Es bildete sich nun in der Region Lugano eine sozialistisch-anarchistische Unterströmung, und diese wurde in unserem Jahrhundert vom faschistischen Regime Mussolinis als höchst unliebsam wahrgenommen.
1927 schloß man jenseits der Grenze den Bezirk Varese, der 150 Jahre Teil der Provinz Como gewesen war, an den Bezirk Gallarate an. So entstand die Provinz Varese. Das italienische Gebiet um den Luganer See war nun in zwei Provinzen aufgeteilt, in die Provinz Como, zu der das Valsolda und die Enklave Campione gehören, und die Provinz Varese mit Porto Ceresio und Ponte Tresa.
Der von den italienischen Behörden offen eingestandene Grund war, daß man die Fluchtbewegung aus Italien ins Tessin stringenter unterbinden wollte. Die Antifaschisten, die ins Tessin geflüchtet waren, sollten daran gehindert werden, Propagandaschriften gegen das Regime des Duce in die Lombardei zu bringen.
Zum ersten Mal entstand damals zwischen dem italienischen und schweizerischen Teil des Sees eine Mauer, die nur mit großen Schwierigkeiten überwunden werden konnte. Das änderte sich nach dem Sturz Mussolinis und dem Waffenstillstand am 8. September 1943, als ganze Scharen italienischer Fahnenflüchtiger, Antifaschisten und Juden, denen durch die vorrückenden deutschen Truppen die Deportation drohte, auf Schweizer Gebiet übertraten.
Eine wichtige Rolle für die bis heute engen Kontakte zwischen dem eidgenössischen Tessin und Italien spielten die in der zweiten Hälfte des 19. Jahrhunderts ausgebauten modernen Verkehrswege. Die Verbindung zwischen dem Tessin und der Lombardei, zwischen Bellinzona und Chiasso war zunächst durch das natürliche Hindernis des Sees unterbrochen. Der erste Schritt zur Verbesserung der Verbindung wurde 1847 mit dem Bau einer Brücke getan. Sie bestand, nachdem man die Anlage einer Eisenbahnbrücke verworfen hatte, schließlich aus einem Damm zwischen mit Steinen gefüllten Teilmauern, die von Bögen unterbrochen wurden, welche als Durchlaß für die Dampfschiffe dienten.
Nachdem Schiffe jahrelang durch dieses künstliche Hindernis, das den Ceresio in einen oberen und einen unteren See teilt, gefahren waren, verbreiterte man 1874 die Südseite des Dammes, um dort eine Bahnlinie zu verlegen. Im selben Jahr wurde die Bahnlinie Chiasso-Bellinzona eröffnet, die 1882 an die Gotthardlinie angeschlossen wurde. Damit lag Lugano in der Mitte der Nord-Südachse, die Zentraleuropa mit Italien verband, was zu einer wirtschaftlichen Aufwertung der Stadt wesentlich beitrug.
Über die heutige Situation der wirtschaftlichen Kontakte zwischen den Regionen auf beiden Seiten der Grenze, berichtet Luigi Ambrosoli, Professor für Moderne Geschichte in Verona:

Die industrielle Entwicklung des Tessins, sowie diejenige von Como und Varese und deren Umgebung, das Suchen nach Möglichkeiten für neue Absatzmärkte und das Bedürfnis nach immer perfekteren finanziellen Dienstleistungen haben die Erstellung neuer typischer Wirtschaftssysteme, die sich gegenseitig ergänzen, begünstigt und den Austausch von Arbeitskräften gefördert, was sich natürlich auch günstig auf den Tourismus auswirkt.
Die traditionelle Comasker Industrie, die heute zur anspruchvollsten Modebranche herangewachsen ist, und die ebenso traditionelle des Varesotto, deren Flugzeugwerke eine immer perfektere Technologie aufweisen, haben in den letzten Jahrzehnten mit der Industrialisierung Schritt gehalten, vor allem auf dem Gebiet der Mechanik. Auch im Tessin und im übrigen Ceresio sind fachlich bedeutende Unternehmen entstanden, die italienische Techniker und Fachkräfte benötigen. Diese Arbeiter kommen täglich über die Grenze und vervollständigen auf diese Weise das Bild der Einheit.

Lugano als Lustgarten für Kunstfreunde: Museen in und vor der Stadt

Lugano ist auch eine Stadt der Schönen Künste. Auf die Musikfestspiele wäre hinzuweisen. Im übrigen hat Lugano fünf bedeutende Museen der Bildenden Kunst, nämlich (1) die *Pinacoteca Villa Favorita*, besser bekannt als die Sammlung Thyssen-Bornemisza, (2) das *Museo Cantonale d'Arte*; (3) die gegenwärtig wegen Renovation geschlossene *Villa Ciani*; (4) das städtische *Museo di belle Arti* in der Villa Malpensata an der Riva Caccia 5 und (5) das *Museo delle Culture Extraeuropee* in der Villa Heleneum in Lugano-Castagnola, an der Schiffshaltestelle San Domenico auf dem Kurs nach Gandria. Für eine Stadt mit einer Einwohnerzahl von 29 000 ist das ein stolzes Aufgebot, und es läßt sich genießen.

Daß bei einer solchen Vielfalt und Qualität die Stadt und der Kanton so auch touristische Attraktionen schaffen, liegt auf der Hand. Es lohnt sich immer, nach Lugano zu fahren, um Kunst zu sehen. Wegen der Gastausstellung der Gemälde von Kandinsky haben wir die eigene Sammlung des Museums in der Via Canova nur in Form eines Buches[1] betrachten können, aber was da reproduziert wird, macht Appetit auf die Originale.
Die Kantonale Sammlung ist relativ jung. Sie wurde im September 1987 eröffnet und enthält hauptsächlich Werke des 19. und 20. Jahrhunderts und nur weniges aus früheren Epochen. Wichtige Auswirkungen auf ihre Entwicklung hatte die mit dem wirtschaftlichen Aufschwung in den sechziger und siebziger Jahren verbundene Stiftungsfreude. Zwei wichtige Schenkungen sind allerdings an Standorte außerhalb Luganos gebunden. So die *Donazione Monte Verità* von Baron Eduard von der Heydt (1882 – 1964), die, neben Grundstück und Immobilien auf dem Berg in Ascona, 571 Werke umfaßt. Diese verbleiben an ihrem ursprünglichen Standort und dokumentieren den Geschmack eines großen Sammlers.
Die zweite wichtige Sammlung, die *Pinacoteca Cantonale Züst*, befindet sich im ehemaligen Pfarrhaus von Rancate. Der Geburtsort von Carlo Fontana, des Schülers und Nachfolgers von Bernini in Rom, liegt im Mendrisiotto nicht weit von Capolago. Diese Schenkung umfaßt 386 Werke, Zeichnungen und Gemälde von Tessiner Künstlern des 17. bis zum 20. Jahrhundert. Eine besondere Rolle spielen dabei die Arbeiten von Giovanni Serodine (1594 – 1633), von dem man immer noch nicht weiß, ob er in Ascona oder in Rom geboren wurde. Serodine steht Caravaggio nahe. Er zerlegt seine Gestalten und Gegenstände mit Hilfe von Lichteinblendungen, schroffen Farbakzenten und einem offenen Pinselstrich. Ein Werk aus seiner letzten Schaffensperiode, *Krönung Mariä und Heilige*, ist in der Pfarrkirche von Ascona zu sehen.
Während das städtische Museum in einem ehemaligen Bürgerhaus an der Uferpromenade in Richtung Paradiso untergebracht ist, liegen zwei andere bedeutende Sammlungen genau entgegengesetzt unter dem Monte Brè in Richtung Gandria.
Die interessantere von beiden ist das *Museo delle Culture Extraeuropee* in der Villa Heleneum.
Die Geschichte des Hauses klingt wie die Handlung eines Trivialromans: Hélène Biber, aus bescheidenen Verhältnissen stammend, zunächst Variété-Tänzerin, dann Ehefrau eines reichen deutschen Industriellen, ließ zwischeen 1930 und 1934 diese Villa als Treffpunkt der mondänen Welt bauen. Die zuvor an diesem Platz stehende, 1815 erbaute Villa Caréol wurde abgerissen. Die Architektur ahmt die des Rokokos im Kleinen Trianon in Versailles nach. Frau Biber hielt sich nur während des Tages im Haus auf und residierte nachts meist in einem der großen Hotels der Stadt. „Im Zeichen dieser Umstände", lesen wir in sehr artiger Formulierung im Museumsführer, „bekam das Heleneum durch die Erzählung des Volksmundes im Laufe der Zeit eine mysteriöse Konnotation." Als die Lebedame 1967 starb, erbte die damals noch nicht zu Lugano gehörende Gemeinde Castagnola das Haus. Seine romanhafte Geschichte war damit noch nicht zu Ende. Für einige Zeit betrieb dort der berühmte Pianist Arturo Benedetti Michelangeli eine Klavierschule. Es folgte als Hausherr ein Institut, das im Bereich künstlerischer Intelligenz forschte und wirkte. Schließlich fand die Stiftung des Ehepaars Serge und Graziella Brignoni hier ein Bleibe. Sie wird für jeden, der sich für Anthropologie und die Kunst Ozeaniens und Südostasiens interessiert, sofern er sich die Zeit nimmt, auch die ausführlichen Erklärungen zu Stichworten wie „Masken", „Totemismus" oder „Ahnenkult" zu lesen, im wahrsten Sinn des Wortes eine neue Welt erschließen, voller Magie und voll so überschwenglicher Phantasmagorie, daß sie auch einen noch so sehr verinnerlichten Eurozentrismus erschüttern dürfte.
Durch die Aussonderung der besten Stücke für die spanische Schenkung ist die Sammlung Thyssen in der *Villa Favorita* eher enttäuschend. An Wesentlichem geblieben sind einige zeitgenössische amerikanische Maler. Um die wichtigen Bilder der ehemals bedeutenden Sammlung zu sehen, muß man nun nach Madrid fahren.
Damit haben wir unser Erkundungsprogramm in und um Lugano weitgehend abgeschlossen und können nun zu Ausflügen in die Umgebung aufbrechen.
Allen Orten am See erzählend Gerechtigkeit widerfahren zu lassen, ist schlechthin unmöglich.
Da kann ich wiederum nur eine subjektive Auswahl treffen und wähle drei Plätze direkt am oder über dem See; nämlich den Parco Scherrer, den Monte Generoso samt der zu seinen Füßen am See liegenden Ortschaft Riva San Vitale und das Malcantone. Ich wähle sie, weil der Leser so einen Eindruck von dem recht unterschiedlichen Charakter der Landschaften um Lugano bekommen wird und sich in allen drei Gebieten Natur und Kunst eindrucksvoll präsentieren.

Parco Scherrer: Der Zaubergarten eines Fabrikanten mit exotischen Sehnsüchten

Vor den Eintritt in einen Zaubergarten der Phantasie haben die Götter ein Spießrutenlaufen durch Andenkenläden gesetzt, denn man parkt, um dort hinzukommen, in Morcote, das auch das Dorf zwischen Himmel und Erde genannt wird und sich in seiner ganzen Pracht in drei Baustufen, nämlich als Fischerdorf in der Unterstadt, mit Kirche und Friedhof in mittlerer Lage über den terrassierten Weinbergen und der Burg hoch droben, am schönsten vom See aus darbietet. Bis zum Bau des Dammes

1 Manuel Kahn-Rossi, Museo Cantonale d'Arte Lugano, Banque Paribas (Suisse) S.A., in Zusammenarbeit mit dem schweizerischen Institut für Kunstwissenschaft, 1994

von Melide war Morcote der bedeutendste Warenumschlagplatz am See mit einer Bevölkerung von 2 000 Einwohnern in seiner Blütezeit. Heute sind es (ohne die Touristen) nur noch 300. Die Arkaden der Uferpromenade sind der Stapelplatz für Touristenkitsch, durch den man am besten mit geschlossenen Augen hindurchläuft. Das kommt davon, wenn ein Dorf in allen Reiseführern als die schönste Ortschaft der Schweiz gerühmt wird! Nun hat der Ort hinter dieser Kulisse am See manches zu bieten, aber folgen wir zunächst der Uferstraße, von der aus man einen schönen Ausblick nach Süden ins Italienische hat.

Ein Besuch im Parco Scherrer sei, so kann man in den Prospekten lesen, wie eine Reise zu einem der sieben Weltwunder. Wir sagen bescheidener und mit einem Unterton von Skepsis: Dies ist einer der kuriosesten Orte des Tessins. Der Park liegt an einem steilen Hang, und man fühlt sich plötzlich in die Subtropen versetzt. Man trifft auf engstem Raum auf ein siamesisches Teehaus, einen Tempel der Nofretete, auf die Casa Araba, den Sonnentempel und die Palazzina. Auf dem für den Besucher genau vorgeschriebenen Weg grüßen Statuen aus der griechischen Mythologie, byzantinische Löwen, musizierende Faune, Elefanten, ein Bacchus aus venezianischem Marmor und steinerne Kobraschlangen. Diese kuriose Sammlung aus Nachbildungen und Originalen macht den Eindruck, als werde sie eines schönen Tages völlig von den Zedern, mexikanischen Pinien, Kampherbäumen, chinesischen Magnolien, Eukalyptus, Palmen und Bambusgebüschen zugedeckt werden, was so übel nicht wäre. Denn die Objekte haben etwas Bestürzendes. Da lächelt ein weiser Buddha unter einem Zitrusbaum. Das siamesische Teehaus „Sale saen suk", das *Haus zu den 10 000 Freuden*, soll in uns asiatische Assoziationen wachrufen. Das tut es auch – aber warum im Tessin?

Im Inneren sind Originalkunstwerke zu bestaunen: ein chinesischer Seidenteppich, Schnitzereien mit Goldlack überzogen, Buddhas aus acht verschiedenen Jahrhunderten und vieles mehr. Als prominentester Besuch saß hier angeblich einmal der Aga Khan mit der Begum. Seinen Eindruck hielt er mit dem Satz fest: „Gibt es auf Erden ein Paradies, ist es dies, ist es dies, ist es dies." Diese allzu krampfhafte Versicherung macht stutzig. Zusammengetragen hat all diese Objekte Hermann Arthur Scherrer (1881 – 1956), der aus einer Familie von Stikkereifabrikanten aus St. Gallen stammte und sich mit dem Garten ein Denkmal setzen wollte. Auf seinen Geschäftsreisen rund um die Welt verliebte sich der mit Seide handelnde Kaufmann in die Kunst und die Kultur exotischer Länder – oder das, was er dafür hielt. Er knüpfte Kontakte zu einflußreichen Persönlichkeiten, sammelte Kunstobjekte und ließ sich von den in der Ferne gewonnenen Eindrücken inspirieren. In den dreißiger Jahren erwarb das Ehepaar Scherrer in Morcote ein Häuschen und baute es aus. Später erkämpfte es sich gewissermaßen Quadratmeter um Quadratmeter von den verschiedenen Eigentümern die Grundstücke am Hang über dem Haus und verwandelte den ehemaligen Weinberg ohne Beratung durch einen Architekten oder Baumeister in jenes Zauberland, das einen jetzt umfängt. 1956, nach dem Tod ihres Mannes, schloß Frau Scherrer den Garten für einige Jahre und machte ihn schließlich der Gemeinde Morcote zum Geschenk. Er soll sich in größter Pracht darbieten, wenn im Frühjahr die Magnolien und Azaleen blühen.

Meine Empfindungen beim Besuch waren zwiespältiger Art.

Wer einmal in Capri gewesen ist, der wird sich an Axel Munthes Privatparadies erinnern. Dies aber ist ästhetisch weit sicherer gestaltet.

Im Unterschied zu den manieristischen Plastiken im Park des Orsini Kastells in Italien hinter dem Städtchen Bomarzo nördlich von Rom – wo von den Monstern, Giganten und Fabeltieren sich dem Betrachter tatsächlich *follia, Ver-rückt-heit oder* halluzinierender Un-Sinn mitteilt, und er an den Satz Goyas unter dem berühmtesten Blatt seiner „*Caprichos*" erinnert wird, daß der Schlaf der Vernunft (oder ihrer Träume) Ungeheuer hervorbringe – bewirken die Objekte im Parco Scherrer eine Stimmung, die etwas von der protzenden Überladenheit eines wilhelminischen Salons hat.

Von den Eindrücken im Parco Scherrer ausgehend, läßt sich ein anderer Gedanke nicht verdrängen: Droht nicht überhaupt das Tessin in den letzten zwei Jahrzehnten einerseits zu einer Luxus-Natur für das Jetset und kapitalkräftige Sonnenanbeter und andererseits zu einem gewaltigen alpinen Andenkenkiosk für den Massentourismus zu werden? Muß nicht entschiedener die Frage diskutiert werden, welche anderen Möglichkeiten dieser Kanton der Schweiz hätte? Welche traditionellen Werte es zu bewahren, welchen Auswüchsen es zu wehren gilt? Das Tessin als eine späte Insel der Seligen schon eh und je, jedenfalls seit Beginn unseres Jahrhunderts – diese Vorstellung bleibt, wenn man oben auf dem Friedhof von Morcote steht, unter der höher gelegenen Burg, um die sich 1412 Filipo Maria Visconti und sein Gegner, der Abenteurer Franchino Rusca, gebalgt haben. Die Architektur dieser Gräber wäre allein einen kunstkritischen Essay wert. War es der Ausblick in die Landschaft, der so viel Prominenz darauf dringen ließ, hier oben begraben zu werden, der Blick über den See nach Porto Ceresio, das sich mit einer Stille und einem Ernst darbietet, als liege jenseits des Wassers tatsächlich eine bessere Welt? Sollten damit die Hinterbliebenen zum häufigen Besuch der Grabstätten verlockt werden? Ist die grandiose Aussicht ein Trost oder ein Hinweis auf die Vergänglichkeit?

Der Komponist Eugène d'Albert hat hier 1932 nach sechs gescheiterten Ehen seine Ruhe gefunden, und immer noch pilgern VerehrerInnen seiner Musik hierher und bringen Blumen mit. Der Opernsänger Baklanoff liegt hier begraben, der große Schauspieler Alexander Moissi, der Dramatiker Georg Kaiser, gar nicht zu reden von den Prachtgrabbauten der lokalen und regionalen Prominenz.

Nachdenklich schreitet man den Weg am Hang abwärts, wirft, ehe man zwischen die pastellfarbenen Hausfassaden eintaucht und gleich wieder auf der Uferpromenade sein wird, noch einen Blick zurück auf den Campanile, unter dem, zusammengekauert, die aus dem 13. Jahrhundert stammende Kirche *Santa Maria del Sasso* liegt. Aus ihrem Innenraum bleiben mir die an den Zwickeln des Gewölbes graziös tanzenden Engelsgestalten noch lange in der Erinnerung. Doch, finden wir: Allein dieses Detail ist den Bußgang die vielen Treppenstufen dort hinauf wert gewesen!

Carona: Malerheimat und Zufluchtsort deutscher Emigranten

Ehe wir durch Hesses Wohnort Montagnola aus der Höhe hinunter nach Lugano gelangen, besuchen wir noch Carona. Dieser Ort ist unter drei Aspekten interessant. Das Bergdorf in einer Geländemulde zwischen dem San Salvatore und dem Monte Arbòstora wird schon 926 unter dem Namen Calauna erwähnt und war während des Übergangs vom Mittelalter zur Neuzeit die Heimat ganzer Künstlerdynastien, unter anderem der Solari, der Casella, Aprile, Scala und Petrini. Die großen Wandgemälde von Domenico Pozzi, 1584/85 entstanden, zeigen, daß der Künstler in Rom von Raffaels „*Disputa*" und Michelangelos „*Jüngstem Gericht*" beeindruckt worden ist. An die Tatsache, daß Carona im Mittelalter eine kleine Republik gewesen ist, die auch unter eidgenössischer Herrschaft ihre Selbständigkeit und Vorrechte beibehielt, wird man bei Betrachtung der gegen Ende des 16. Jahrhunderts erbauten *Loggia del Comune* erinnert.

Carona war aber auch ein Zentrum deutscher Emigranten, die auf der Flucht vor den Nazis in die Schweiz kamen.

Die Voraussetzung dazu war allerdings, daß sich schon vor 1933 zahlreiche deutschsprachige Schriftsteller im Tessin niedergelassen hatten. So hatte beispielsweise Remarque bereits 1931 in Ronco bei Ascona die Villa Casa Monte Tabor erworben. Emil Ludwig, der allerdings für Mussolini schwärmte, war 1932 Schweizer Bürger geworden. Hesse hatte seit 1919 vor den Toren von Lugano seinen Wohnsitz. 1920 war Hugo Ball, der geniale „Silbenlaller", nachdem er seine langjährige Lebensgefährtin Emmy Hennings geheiratet hatte, nach St. Abbondio gezogen, wo er über Säulenheilige schrieb und neben der Biographie über seinen Freund Hermann Hesse seine Tagebuchblätter zu dem Buch „*Die Flucht aus der Zeit*" verdichtete. 1927 war er auf dem Friedhof eben dieses Ortes von altgewordenen Dadaisten und einem weihräuchernden Pfarrherrn als Sankt Hugo „Dada" Ball beigesetzt worden. Ehe die politischen Flüchtlinge aus Deutschland kamen, bestand also im Tessin schon so etwas wie ein Fokus deutscher Literatur. Und es waren zumeist die Aufsässigen, die mit dem geistigen Klima in der Heimat Unzufriedenen, die sich dort niedergelassen hatten. Hugo Balls 1980 wiederaufgelegtes Buch „*Zur Kritik der deutschen Intelligenz*" ist hier signifikant.

Im März 1933 reiste Bert Brecht von Berlin nach Zürich, nahm dort Kontakt mit dem in der Stadt lebenden Alfred Döblin auf und fuhr zusammen mit dem ebenfalls aus Berlin geflüchteten Kurt Kläber und seiner Frau Lisa Tetzner in den Süden weiter. Offenbar waren es Lisa Tetzner, die Märchensammlerin und Kinderbuchautorin, und ihr Ehemann Kurt Kläber, die speziell das Dorf Carona zuerst entdeckt und als Ferienrefugium benutzt hatten. Jedenfalls besaß Kläber, den Brecht als Gründungsmitglied der Zeitschrift „*Linkskurve*" kannte, dort seit 1924 einen festen zweiten Wohnsitz. An Kläber, der später für die historische Erzählung „*Der Trommler von Faido*" die für die Arbeitserlaubnis in der Schweiz entscheidend wichtigen Bürgerrechte des gleichnamigen Dorfes in der Leventina verliehen bekam, schrieb Brecht, sich noch 1956, kurz vor seinem Tod, an die schönen Tage über dem Luganer See erinnernd: „Ich denke gern an Carona und die gemeinsame Zeitungslektüre im Grünen."

Mehr als die Landschaft gefiel Brecht die Geselligkeit und die Diskutierfreude derer, die dort Zuflucht gesucht hatten. Er trug sich sogar mit dem Plan, im Dorf oder in dessen Nähe eine Künstlerkolonie zu gründen, in der die Antifaschisten Anna Seghers, Lion Feuchtwanger, Bernhard von Brentano und der Dramatiker Sternheim hätten zusammenkommen sollen.

Von Carona aus vollzog sich auch der wohl einzige Versuch einer Annäherung zwischen Brecht und Thomas Mann. Brecht reagierte auf eine aus Thomas Manns Feder stammende, auf dem Berliner Kongreß „Das freie Wort" verlesene Botschaft, in der sich dieser zu „Freiheit, Volk und Sozialismus" bekannt hatte und in der, angesichts der Nazigefahr, von der notwendigen Solidarität auch der Bürger mit der Arbeiterschaft die Rede gewesen war. Brechts Versuch war dahingehend zu verstehen, angesichts der angespannten politischen Lage, literarische Meinungsverschiedenheiten und private Antipathien beiseite zu lassen. Thomas Mann aber ging auf diese Fühlungnahme nicht ein.

Am 30. März 1933 besuchte Brecht Hermann Hesse in Montagnola über Lugano; mit ihm kamen Kläber und Brentano.

Über die Gefahr des Faschismus war Hesse kurz zuvor gründlich durch den Schweizer Schriftsteller R.J. Humm aufgeklärt worden. Hesse meinte, daß die Deutschen nach einem Scheitern der nationalsozialistischen Versprechungen mit dem „Rindvieh" Hitler schon fertig werden würden! Aber er bereitete sich auch darauf vor, Exilanten bei sich aufzunehmen: „Die Betten sind auch bei mir gerüstet."

Mit der Künstlerkolonie über dem See wurde es schließlich nichts. Thomas Mann ging zunächst im Sommer 1933 ins provenzalische Sanary und wurde dann in Küsnacht, Schiedhaldenstraße 33, ansässig. Brecht fuhr weiter nach Paris. Was er von der Schweiz und deren „historischem Freiheitsdurst“ hielt, kann man in den „*Flüchtlingsgesprächen*“ nachlesen. Noch aus Carona hatte er geschrieben: „Die Schweiz ist zu teuer, hat keine Städte und ist eine Theaterdekoration (aber ohne Bühnenarbeiter).“

Höhenrausch auf 1704 Meter, ein geschenkter Apfel und die stillen Talgründe des Malcantone

Der nächste Ausflug führt auf den höchsten Berg in der Umgebung Luganos, auf den 1704 Meter hohen Monte Generoso. Von Capolago aus trägt uns eine Zahnradbahn hinauf, von der aus sich immer wieder großartige Ausblicke auf den See, die Wälder, die Bergwiesen und die Dörfer am See bieten. Wie aus einem Flugzeug sieht man auf das südliche Seende und die Ebene von Mendrisio. Wir hatten bei unserer Fahrt Glück. Es war ein außergewöhnlich klarer Tag. Die Bahn fährt bis zum Sattel. Das letzte Stück zur Ausichtsplattform auf der Bergspitze ist zu Fuß zurückzulegen. Man konnte beinahe alle Spitzen der Schweizer Alpen ausmachen: im Westen den Mont Blanc, die Monte-Rosa-Gruppe, das Matterhorn, das Brienzer Rothorn, im Osten den Säntis. Als ich nach Süden schaute, zeichnete sich dort im Dunst die Po-Ebene ab. Um Mailand ließ die Sonne ein Fabrikdach aufblitzen. Bei solch überwältigender Schönheit überkam mich eine merkwürdige Furcht, die mir nicht allein aus meiner alten Höhenangst erklärbar schien. Vielmehr kam es mir vor, als schwebte ich in einem Vakuum, um das sich eine Fata Morgana auftat. Man war außerhalb der Welt, konnte in den Kosmos davongetragen werden. Die Sonnenhelligkeit war so überaus intensiv, daß man nicht daran glauben mochte, dies alles sei noch real.

Es wurde ein Tag übervoll von Eindrücken. Noch vor der Fahrt auf den Berg waren wir in Riva San Vitale in der *Chiesa Santa Croce* gewesen, einem der bedeutendsten Sakralbauten der Renaissance in der Schweiz, gestiftet vom Erzpriester Giovanni Andrea della Croce, einem Günstling des Kardinals Farnese und späteren Papstes Paul III. Es ist dies eine Kirche, deren energiegeladene Architektur einen begeistern kann. Angesichts der manieristischen Fresken glaubte ich mich wieder in einen gewissen Saal auf der Engelsburg in Rom versetzt. Gegen Mittag ging's noch einmal zurück in die geliebte Romanik, in die frühchristliche Taufkapelle in Riva San Vitale, aus der Zeit um 500, mit einer Piscina mit Stufen, in der im Frühmittelalter die Taufe durch Untertauchen vollzogen wurde.

Am Nachmittag streiften wir dann durch Mendrisio, ein schon ganz und gar italienisch wirkendes Städtchen, die Bezirkshauptstadt des Mendrisiotto, einer Gegend, in der außer Mais und Getreide auch Tabak angebaut wird und man auf die typischen lombardischen Gehöfte stößt. Häuser und Scheunen sind aus Backsteinen gemauert und mit roten Ziegeln gedeckt. Breite Loggien, auf denen Tabakblätter, Maiskolben und Früchte getrocknet werden, blikken auf die geräumigen Innenhöfe herab.

Unseren letzten größeren Ausflug unternahmen wir dann ins Malcantone. Die Ableitung von „schlechtes Gebiet“ ist wahrscheinlich nicht richtig. Das Flußtal der Magliasina liegt zwischen einem Arm des Luganer Sees, dem Golf von Agno, dem Tresa-Fluß und den Bergen, die hoch über dem Lago Maggiore die Schweiz von Italien trennen. Eher leitet der Name sich von diesem Fluß her, an dem es früher zahlreiche mit Wasserkraft betriebene Hammerschmieden gab. Im Raum Sessa-Astano führte das Vorkommen von Gold- und Silbererzen zu wiederholten, allerdings wenig erfolgreichen Ausbeutungsversuchen. Heute macht die Region einen abgelegenen, nahezu stillen Eindruck. Wie angenehm, nach so vielen barocken Gebärden in einen ganz ruhigen Bereich zu kommen, wo Natur nicht prunkt und protzt, sondern den Besucher angenehm besänftigt. Es war Spätsommer. Gern erinnere ich mich an eine Szene vor einer der Dorfkirchen. Ein altes Paar kam körbetragend vorbei und ohne ein Wort der Begründung schenkte mir die Frau einen Apfel, einen Gravensteiner. Die Bergwälder und stillen Talgründe, nicht weit von Lugano entfernt, scheinen mir eine Landschaft, in der es sich gut wandern ließe. Eine Entdeckung war Miglieglia mit dem Kirchlein San Stefano hoch über dem Dorf und den guterhaltenen spätgotischen Fresken, sowie am Weg herab das alte Beinhaus.

Was habe ich vergessen zu erwähnen? Daß man auf den Monte Brè hinauffahren und zu Fuß hinunterlaufen sollte. Daß ich unbedingt noch einmal ins Schmugglermuseum muß. Daß ich zum Kastell über Morcote aufsteigen will. Daß ich mit einer deutschen Ausgabe von „*Piccolo mondo antico*“ in der Rocktasche durch die Gassen des italienischen Valsolda streifen möchte, wo mich auch die Fresken des Paolo Paganini in der Kirche von Castello verlocken. Daß ich noch einmal zum *Tempio della Croce* in Riva San Vitale muß.

Sie mögen finden, daß ich eine merkwürdige Art und Weise habe, mir eine Landschaft anzueignen. Das Geheimnis dabei ist, daß ich aus dem, was ich sehe, lese, höre, rieche und schmecke einfach eine neue Landschaft entwerfe: beispielsweise *mein Lugano*.

Diese Steinbrücke schwingt sich bei Lavertezzo über die Verzasca. Solche sogenannten „Römerbrücken" – tatsächlich stammen sie aus dem Mittelalter – mit schöngeschwungenen Bögen gibt es im Tessin einige.

Die drei Burgen von Bellinzona stellen das eindrucksvollste Beispiel eines mittelalterlichen Wehrsystems in der Schweiz dar. Bellinzona war früher, vor allem wegen seiner Burgen, als Tor nach Italien bekannt.

Das Castello Grande oder Vecchio entstand wahrscheinlich im 13. Jahrhundert. Heute kann es als Musterstück moderner Restaurationskunst gelten. Die Neugestaltung in den Jahren 1982–92 wurde nach einer großzügigen Schenkung durch Mario della Valle ausgeführt.

Das Dorf Cevio ist seit 1404 Hauptort des Valle Maggia. An der weitflächigen Piazza steht das Pretorio, das Haus, in dem der eidgenössische Landvogt Gericht hielt. Die Familie Franzoni, die das Haus ursprünglich erbaute, wanderte im 15. Jahrhundert aus der Toskana ins Tal ein.

Carona, Loggia del Comune. Der Ort war im Mittelalter eine selbständige Republik. Er ist die Heimat einiger bekannter Tessiner Künstlerdynastien.

Morcote besteht nicht nur aus seiner mit Touristenläden besetzten Arkadenfront am See. Hier ein Abschnitt der Treppe zur Kirche S. Maria del Sasso mit dem Blick zum italienischen Ufer hinüber.

Auch im Hospental zeugen Burgruinen davon, wie heiß umkämpft dieser Durchgangsweg in der Vergangenheit gewesen ist.

S. Maria di Castello in Giornico. Hoch über dem Ort die Kapelle, die die Zerstörung des Mailänder Kastells 1518 überstand. Die eindrucksvollen Fresken stammen aus dem Jahr 1448.

Ganz hinten im Verzascatal, an der Vereinigung der beiden Quelltäler der Verzasca, des Val Vegorness und des Val Redorta, liegt Sonogno.

Nächste Seite:

Nicht weit hinter Cevio liegt, überschattet von steilen Felswänden, der stille Weiler Boschetto mit kubischen Grotti.

Agra, Pfarrkirche S. Toma, nicht weit von Hermann Hesses Wohnsitz Montagnola.

Im Tal der Breggia: Kirche San Giovanni Battista aus dem 17. Jahrhundert, bei Muggio. Aus dem Ort stammen mehrere bedeutende klassizistische Architekten.

Das Dorf Brè liegt in einer sonnigen Mulde zwischen dem Monte Brè und dem Monte Boglia. Der Monte Brè ist der Hausberg von Lugano.

Abenddämmerung in Sonvico. Der Name leitete sich her von summus vicus, d. h. oberstes Dorf. Blick nach Süden über Lugano und den See zum San Salvatore.

Der Hang, an dem Corippo erbaut wurde, ist so steil, daß sich die meisten Häuser nur durch über der Küche gelegene Kammern ebenerdig betreten lassen. Die weiß umrahmten Fenster sollen das Eindringen von Mäusen und Gespenstern verhindern.